Konrad von Maurer

**Die Entstehungszeit der älteren Guladingslög**

Konrad von Maurer

**Die Entstehungszeit der älteren Guladingslög**

ISBN/EAN: 9783743481183

Hergestellt in Europa, USA, Kanada, Australien, Japan

Cover: Foto ©ninafisch / pixelio.de

Manufactured and distributed by brebook publishing software (www.brebook.com)

Konrad von Maurer

**Die Entstehungszeit der älteren Guladingslög**

# Die Entstehungszeit der älteren Gulaþingslög.

Von

Konrad Maurer.

# Die Entstehungszeit
### der
# älteren Gulaþingslög.

Von

**Konrad Maurer.**

---

Wie in Schweden und in Dänemark, so gieng bekanntlich auch in Norwegen der Periode des gemeinen Rechtes eine Periode der Provincialrechte voraus. Im Jahre 1274 brachte K. Magnús lagabœtir sein gemeines Landrecht zu Stande, und im Jahre 1276 sein gemeines Stadtrecht; bis dahin aber hatte jede der grossen Provinzen des Reiches ihr besonderes Recht für sich gehabt. Es begreift sich, dass diese älteren Provinzialrechte für die vergleichende germanische Rechtsgeschichte ungleich grössere Bedeutung haben als die einheitliche Gesetzgebung der späteren Zeit; es begreift sich aber auch, dass ihre richtige Benützung in dieser Richtung sowohl als zu Zwecken der speciell norwegischen Rechtsgeschichte unbedingt die vorgängige Feststellung ihres Alters voraussetzt. Da eingehendere Untersuchungen über diesen Punkt bisher noch nicht angestellt, oder wenigstens noch nicht veröffentlicht worden sind[1]), glaube ich nichts Überflüssiges zu thun, wenn ich meinerseits

---

1) Der vierte Band der unter dem Titel „Norges gamle Love indtil 1387" erschienenen Gesetzessammlung, welcher nach Bd. I, S. VI und XII derartige Erörterungen enthalten soll, ist zur Zeit noch nicht herausgekommen, obwohl der dritte Band bereits im Jahre 1849 veröffentlicht wurde.

mit solchen mich beschäftige. Die Gulaþíngslög aber zuerst in Angriff zu nemen, bestimmen mich Zweckmässigkeitsgründe, indem gerade für sie sich am Leichtesten und Sichersten eine verlässige Zeitbestimmung ermitteln zu lassen scheint.

Wir wissen, dass jedenfalls seit der Mitte des 12. Jhdts. in Norwegen vier grosse Dingverbände bestanden, welche nach ihren Dingstätten zu Frosta im Drontheimischen, zu Gula in Hörðaland, zu Eiðsvellir in den Hochlanden und zu Sarpsborg oder Borg in Víkin als Frostuþíng, Gulaþíng, Eiðsifjaþíng und Borgarþíng bezeichnet wurden. Jeder dieser vier Dingverbände setzte sich aus einer grösseren oder geringeren Anzahl von Volklanden (fylki) zusammen; aber nicht alle Volklande hatten sich in der angegebenen Zeit an den einen oder anderen Dingverband angeschlossen, vielmehr verharrte deren eine ziemliche Zahl noch bis über die Mitte des 13. Jhdts. herein in ihrer früheren Isolirung, und sehr allmälig nur sehen wir die einzelnen Dinggenossenschaften an raümlicher Ausdehnung gewinnen. Jeder der vier Dingverbände hatte dabei seine besondere Legislative und sein besonderes Recht, und gerade in dieser Gemeinsamkeit der Gesetzgebung und der Rechtspflege lag der Schwerpunkt ihrer Vereinigung. Schon die Terminologie weist hierauf hin, denn derselbe Ausdruck, „lög", welcher die Gesetze bezeichnet, bezeichnet auch den Dingverband, auf welchen dieselben sich beziehen, sodass also z. B. unter den Gulaþíngslög ebensowohl eine geographisch bestimmt abgegrenzte Provinz verstanden werden kann, als die Gesetzgebung, welche innerhalb derselben galt, und als „lögunnutar", d. h. Rechtsgenossen, werden die Angehörigen eines und desselben Dingverbandes technisch bezeichnet. Vor der Entstehung der grossen Dingverbände hatten die einzelnen Volklande selbstverständlich je ihr eigenes Recht für sich gehabt[1]), und dabei hatte es für die isolirt gebliebenen Volklande wohl auch in der späteren Zeit zunächst sein Verbleiben. In die Dauer aber war dieser Zustand nicht haltbar. Sich selber überlassen,

---

1) Ólafs s. ens helga (ed. Unger und Munch), cap. 10, S. 9: Hákon konúngr — — lagði mikinn hug á lagasetning í Noregi; hann setti GulaÞíngslög ok FrostaÞíngslög ok Heiðsævislög fyrst at uppháfi, en áðr höfðu sérhverir fylkismenn lög. Änlich FMS., IV, cap. 9, S. 18.

und von den Königen keiner regelmässigen legislativen Beachtung gewürdigt, hatten diese unverbundenen Volklande thatsächlich kaum einen anderen Ausweg als den, sich dem Rechte eines der benachbarten Dingverbände einfach anzuschliessen, und gerade die Überzeugung, an eine Gesetzgebung gebunden zu sein, auf deren Gang man doch keinen Einfluss zu üben im Stande war, dürfte es ganz vorzugsweise gewesen sein, was zu jener stufenweisen Ausdehnung der Dingverbände hauptsächlich hindrängte, indem eine Landschaft nach der anderen zum Aufgeben ihrer Isolirung und zum Anschlusse an ein grösseres Ganzes sich bewogen fühlte.

Was insbesondere das Guluþíng betrifft, so entzieht sich dessen erste Einsetzung unseren Blicken völlig. Um das Jahr 930 herum bestand dasselbe jedenfalls bereits, denn damals dienten die Guluþíngslög bereits als Muster für das erste Landrecht, welches Úlfljótr für Island entwarf[1]), und wenige Jahre später sehen wir bereits eine Streitsache des isländischen Dichters Egill Skallagrímsson in Gegenwart des Königs Eiríkr blóðöx am Guluþínge verhandelt[2]). Aber aus dem Berichte über diese letztere Verhandlung lässt sich ersehen, dass damals nur 3 Volklande zu dem Dingverbande zählten, das Firðafylki nämlich, das Sygnafylki und das Hörðafylki, da nur aus diesen 3 Landschaften das Gericht am Dinge besetzt wurde. Nur auf diese 3 Volklande war auch offenbar die Wahl der gemeinsamen Dingstätte berechnet, welche, an der äussersten Nordspitze von Hörðaland gelegen, wo dieses mit Sogn grenzte und andererseits die Grenze des Firðafylki nur wenig entfernt vorüberzog, ziemlich genau auf die Mitte der 3 verbundenen Landschaften traf; unser Rechtsbuch dagegen zählt noch drei weitere Volklande zum Dingbezirke, nämlich Rogaland und Agðir im Süden, und Sunnmæri im Norden, ohne dass uns irgendwo gesagt würde, wann und wie dieselben in den Verband getreten seien. Es ist lediglich eine Vermuthung, wenn P. A. Munch[3]) und R. Keyser[4]) aus der Angabe mehrerer Geschichts-

---

1) Íslendingabók, cap. 2, S. 5; Anhang der jüngeren Melabók zur Landnáma, S. 334; ältere þórðar a. hreðu, cap. 1, S. 93—4.
2) Eigla, cap. 57, S. 123—27.
3) Det norske Folks Historie. I, 1, S. 712—13.
4) Norges Stats — og Retsforfatning i Middelalderen, S. 164.

quellen, dass K. Hákon Aðalsteinsfóstri die Gulaþíngslög verfasst habe, den Schluss ziehen wollen, dass ihm diese Ausdehnung des Dingverbandes zuzuschreiben sei; nicht mit einem Worte deuten die geschichtlichen Berichte auf Dergleichen hin, und es fehlt sogar nicht an Thatsachen, welche jener Annamhe positiv in den Weg treten dürften. Nicht nur für die 3 älteren Bundeslande, sondern auch für Rogaland und Agðir regelt bereits die älteste Redaction der GþL., von welcher wir überhaupt Reste erhalten haben, die Zahl der Abgeordneten ganz genau, welche dieselben zum Gulaþinge zu schicken haben; von Sunnmæri dagegen lässt sie zur Landsgemeinde kommen „soviele als da wollen", und erst in einer jüngeren Redaction des Rechtsbuches wird auch für diese Landschaft die Vertreterzahl gesetzlich genau bestimmt[1]). Man wird hieraus schliessen dürfen, dass die Verbindung Sunnmæri's mit dem Gulaþinge zu einer Zeit noch eine ziemlich lose war, da sich die übrigen 5 Volkslande bereits ungleich fester zusammengeschlossen hatten, und auch die weitere Vermuthung wird kaum zu gewagt erscheinen, dass jene Landschaft ebendarum wohl erst später als Rogaland und Agðir in den Dingverband eingetreten sein möge. Wir wissen ferner, dass am Schlusse des 11. Jhdts. durch K. Ólafr kyrri (1066—93) Norwegen zum ersten Male in fest begrenzte Diöcesen mit bestimmt bezeichneten Bischofssitzen eingetheilt wurde, und dass der damals gegründeten Bisthümer 3 waren, nämlich Niðarós, Bergen oder Selja, und Osló[2]); wenn nun Sunnmæri jederzeit zum Sprengel von Niðarós und nicht zu dem von Bergen gehörte[3]), so ist klar, dass zu der Zeit da die Abgrenzung beider Bisthümer von einander erfolgte, jene Landschaft zum Gulaþinge noch nicht gerechnet worden sein konnte. Wenn nämlich zwar allerdings die Diöceaneintheilung des Landes nicht schlechthin mit der Begrenzung der Dingbezirke zusammenfallen konnte, weil ja bei jener auch die isolirten

---

1) GþL. §. 3.
2) vgl. Munch, in Lange's Norsk Tidsskrift, V, S. 1—45, und Det norske Folks Hist., II, S 422—9; Keyser, Den norske Kirkes Historie under Katholicismen, I. S. 142—5; meine Bekehrung des norwegischen Stammes zum Christenthume, II, S. 571—2.
3) Munch, Historisk-geographisk Beskrivelse over Kongeriget Norge i Middelalderen, S. 12 und 92; Styffe, Skandinavien under Unionstiden, S. 330 und 347.

(103)

Volkslande zu berücksichtigen waren, welche hier ganz ausser Betracht
blieben, und wenn überdiess das Eiðsifjaþíng und Borgarþíng, die ohnehin
in engeren Beziehungen zu einander standen, damals noch unbedenklich
zu einer Diöcese vereinigt werden mochten, so ist doch schlechthin un-
denkbar, dass man Sunnmæri damals zum Bisthume Niðarós geschlagen
hätte, wenn die Landschaft in weltlicher Beziehung bereits zum Gulaþínge
gehört hätte; sie mochte dazumal mit Raumsdalr und Norðmæri ein
neutrales Mittelgebiet zwischen dem Gulaþínge und dem Frostuþínge gebildet, und darum ebensogut die Zuweisung an die eine wie an die andere Diöcese vertragen haben. Munch, welcher das Gewicht dieser Ein-
wendungen nicht verkannte, suchte denselben durch die Anname ent-
gegenzutreten, dass Sunnmæri nach K. Hákons Zeit, nämlich unmittelbar
nach der Svolderer Schlacht (1000) von dem Gulaþínge wider abgetrennt
worden sei, um dann hinterher erst unter Ólafr kyrri nochmals mit
demselben widervereinigt zu werden[1]). Allein von dieser Anname ist
quellenmässig nur soviel begründet, dass bei der Theilung Norwegens
im Jahre 1000 Sunnmæri mit Raumsdal und Norðmæri zusammen einen
anderen Weg gieng als die Volklande, welche den ursprünglichen Bestand
des Gulaþínges ausmachten[2]), in keiner Weise aber ist damit gesagt, dass
jene Landschaft vorher jemals auch ihrerseits zu diesem Verbande gehört habe, und da Munch überdiess seine ursprüngliche Behauptung,
dass die Widervereinigung derselben mit dem Gulaþínge erst in den
späteren Jahren Ólaf kyrri's erfolgt sei, hinterher selbst dahin modificirte,
dass dieselbe schon unter dem heil. Ólaf geschehen sein müsse[3]), würde·
durch dieselbe nicht einmal erklärt, warum Sunnmæri in geistlicher Beziehung zu Drontheim geschlagen wurde. Weit einfacher ist hiernach,
in der im Jahre 1000 beliebten Art der Reichstheilung einen weiteren
Beleg dafür zu sehen, dass die Landschaft im 10 Jhdte. mit dem Gula-

---

1) Det norske Folks Historie, I, 2, S. 614 und 630, Anm. 1.
2) Heimskr. Ólafs s. Tryggvasonar, cap. 121, S. 217, und FMS. III, cap. 260, S. 14, sowie Flbk, I, S. 533; ferner Ólafs s. ens helga (ed. Munch und Unger), cap. 30, S 27,
und cap. 38, S. 36, und FMS. IV, cap. 43, S. 68, und cap. 58, S. 91, dann Heimskr.,
cap. 38, S. 246, und Flbk, II, S. 39.
3) ang. O., IV, 2, in einer, unpaginirten, Nachtragsbemerkung zu I, 2, S. 630.

þinge noch in keiner Verbindung gestanden habe, und deren erste Anknüpfung erst einer weit späteren Zeit, dem aüsssersten Ende etwa des 11. Jhdts., erfolgt sei. Aber noch mehr. Dieselbe Theilung zeigt, dass damals der östliche Theil von Agðir wenigstens, nämlich Austr-Agðir bis Liðandisnes, zur Landschaft Víkin gerechnet wurde und deren Loos theilte¹); auch diese Landschaft konnte also damals dem Gulaþinge noch nicht angehört haben. Als ferner am Anfange des 12. Jhdts. das Bisthum Stafángr von dem Bisthume Bergen abgezweigt wurde, verblieb dem letzteren nur der ursprüngliche Bestand des Gulaþinges, Hörðaland also, Sogn und Firðafylki, wogegen dem neu errichteten Sprengel Rogaland und Agðir zugewiesen wurde, sowie Valdres und Haddíngjadalr, Setr und Otrudalr, letzteres Landschaften, welche nach unseren GþL. noch nicht zu dem Dingverbande gehörten, aber in dem gemeinen Landrechte von 1274 demselben beigezählt werden²). Bedenkt man, wie bei der etwas später (1152) erfolgten Abzweigung des Bisthumes Hamar von dem Bisthume Osló wesentlich auf die Sonderung des Eiðsifjaþinges vom Borgarþinge zurückgegriffen wurde, wenn auch mit einer Modification, die im Interesse des älteren Bisthumes eingetreten zu sein scheint³), so liegt die Vermuthung nahe, dass auch für jene ältere Spaltung des Bisthumes Bergen eine änliche Rücksicht massgebend gewesen sein werde, und dass somit selbst Rogaland und Agðir am Anfange des 12. Jhdts. noch nicht, oder doch noch nicht lange und noch nicht fest, mit dem Gulaþinge verbunden gewesen seien.

Über die Gesetzgebung innerhalb des Gulaþingverbandes berichten uns ferner die Geschichtsquellen Folgendes. Mit seltener Übereinstimmung führen sie die erste Abfassung der Gulaþingslög auf K. Hákon Aðalsteinsfóstri zurück, welcher sich dabei des Rathes des Þorleifr spaki zu erfreuen gehabt habe⁴), und selbst wenn eine einzelne

---

1) vgl. ausser den oben angeführten Stellen auch noch Fagrsk. §. 82, S. 68.
2) Landslög. þingfarab. §. 2.
3) Munch's Anname, II, S. 614, Anm. 8, und 667—8, dass die Hochlande vordem grösstentheils zur Diöcese Niðarós gehört hätten, ist durch gar Nichts begründet; die Landestheilung zwischen K. Eysteinn und Sigurðr Jórsalafari, auf die er sich beruft, lässt sich aus den Quellen gar nicht erweisen.
4) Agrip, cap. 5, S. 382: Hann setti Golaþingslaug eftar ráðagorð Þorleifs spaka, er verit

Quelle sich kürzer fasst, und nur der Gesetzgebung des Königs für sein ganzes Reich gedenkt ohne die Gpl. besonders hervorzuheben, wird doch der Antheil erwähnt, welchen þorleifr spaki an derselben gehabt habe[1]), und welcher sich eben doch nur auf die Gesetzgebung für diesen einzigen Dingbezirk bezogen haben konnte. Die legislative Thätigkeit des Königs für den Dingverband kann hiernach nicht bezweifelt werden, wie denn auch Sighvatr þórðarson in den Bersöglis-vísur, welche er um das Jahr 1040 an K. Magnús góði richtete, bereits der warmen Anhänglichkeit gedenkt, mit welcher die Bauern an den von ihm gegebenen Gesetzen hängen[2]); indessen ist nicht minder gewiss, dass demselben weder die erste Stiftung des Dingverbandes, noch auch die erste Begründung einer Gesetzgebung für ihn zugeschrieben werden darf, da wir ja bereits unter Hákons Bruder und Vorgänger, Eiríkr blóðöx, eine Rechtssache am Gulaþínge verhandelt, und wider ein paar Jahre früher, und zwar ebenfalls mit dem Beirathe jenes þorleifs, die isländischen Úlfljótslög nach dem Muster der Gulaþíngslög eingerichtet sehen. Nicht minder wissen die Geschichtswerke Vieles von dem gesetzgeberischen Wirken des heil. Ólafs zu erzählen, und auch dieses muss sich wider unter Andern auf den Bezirk des Gulaþínges erstreckt haben. Die Nach-

---

hafði forðum; legendarische Olafs s. ens helga, cap. 31, S. 23: Ólafr setti log þau er heita Sefslog: þau standa síðan um Upplond ok um Víkena austr. þrenn ero log í Norege, Frostoþings, ok þau log er Hákon Aðalsteinsfóstre let setja, er Gulaþíngslog heita; Heimskr. Hákonar s. góða, cap. 11, S. 90: Hann setti Gulaþíngalög með ráði þorleifs spaka, ok hann setti Frostaþíngalög með ráði Sigurðar jarls ok annarra þrænda, þeirra er vitrastir váru; en Heiðsævislög hafði sett Hálfdan svarti, sem fyrr er ritat. Ebenso die Ólafs s Tryggvas., cap. 20, S. 31 (FMS. I) und Flbk, I, S. 54; die einschlägige Stelle der geschichtl. Ólafs s. ens helga, cap. 10, S. 9, und FMS. IV, cap. 9, S. 17—18, wurde oben, S. 100, Anm. 1 bereits angeführt.

1) Fagrsk. §. 29, S. 18: hann setti lög um allan Noreg með ráði þorleifs ens spaka ok annarra vitra manna, ok af þeim lögum nýtti hinn belgi Ólafr konungr mestan hlnt.

2) vgl. z. B. Heimskr. Magnús s. góða, cap. 17, S. 527:
 bjóð hélt fast á fóstra
 fjölblíða lögum síðan,
 enn eru af því minni,
 Aðalsteins, hœndr seinir.

Vgl. cap. 16, S. 526: þá tóku bændr at gera kurr ok mæltu sín í milli: hvat mun konúngr þessi fyrir ætla, er hann brýtr lög á oss, þau er setti Hákon konungr hinn góði?

richten über die gesetzgeberischen Leistungen dieses Königs sind nicht ganz leicht zu deuten, da dieselben einerseits vielfach einen specifisch kirchlichen Charakter tragen, und somit, mehr auf Erbauung als auf Belehrung berechnet, die für rechtsgeschichtliche Untersuchungen erforderliche Genauigkeit vermissen lassen, andererseits aber auch durch die volksmässige Überlieferung getrübt worden zu sein scheinen, welche schon frühzeitig sich gewöhnte, den heil. Ólaf als den Stifter aller Rechtsordnung im Reiche, und seine Gesetze als das wahre Palladium aller Volksfreiheiten zu betrachten. Es ist nicht dieses Ortes, auf die verwickelte Untersuchung im Detail einzugehen; indessen muss wenigstens der Gesammtcharakter der legislatorischen Thätigkeit des Königes bezeichnet, und auf diejenigen Punkte derselben eine etwas einlässlichere Erörterung gerichtet werden, welche mit dem hier zu behandelnden Gegenstande in näherer Verbindung stehen.

Mir scheint aber eine dreifache Richtung innerhalb der gesetzgeberischen Wirksamkeit des heil. Ólafs unterschieden werden zu müssen. Einmal nämlich wurde durch denselben das Kirchenrecht für das ganze Reich geregelt; zweitens sorgte derselbe sei es nun für die Abfassung oder auch Revision der einzelnen Provincialrechte, und zwar in der Art, dass für die Hochlande und für Vikin ein im Wesentlichen wenigstens gleiches Recht gesetzt wurde; endlich drittens erliess derselbe auch noch ein Dienstmannenrecht, in welchem die Rechte und Pflichten der kgl. Hofdienerschaft geordnet waren. Die specifisch kirchlichen Quellen freilich, welchen es nur um das Lob der religiösen und moralischen Vorzüge der Gesetzgebung des Königs zu thun ist, lassen diese Dreitheilung derselben nicht hervortreten[1], und auch von den Geschichtschreibern begnügen sich einige, zumal fremde, mit der allgemeinen Hervorhebung änlicher Gesichtspunkte[2]; die isländischen Königssagen dagegen unterscheiden hier wie anderwärts genauer, und an sie werden wir demnach

---

1) Oldnorsk Homiliebog, S. 147—8; Legenda de S. Olavo, S. 530—1 (bei Langebek, II); lübisches Passionale, S. 536, und Breviarium Nidrosiense, S. 542 (ebenda); Fornswenskt Legendarium, I, S. 862.

2) Adam. Bremens., II, cap. 55, S. 826; Saxo Grammat., X, S. 514—5; aber auch Theodoricus monachus, cap. 16.

vorzugsweise uns zu halten haben. Auch sie freilich könnten auf den ersten Blick zu der Anname verführen, als ob die Orduung des Christenrechtes sich zunächst nur auf die Landschaft Drontheim bezogen hätte, soferne die Heimskríngla von Ólaf erzählt[1]): „Hann lèt opt telja fyrir sèr lög þau, er Hákon Aðalsteinsfóstri hafði sett í þrándheimi. Hann skipaði lögunum með ráði hinna vitrustu manna, tók af eða lagði til, þar er honum sýndist þat; en kristinn rètt setti hann með ráði Grímkels biskups ok annarra kennimanna, ok lagði á þat allan hug, at taka af heiðni ok fornar venjur, þær er honum þótti kristnispell í. Svá kom at bændr játtu þessum lögum, er konúngr setti". Indessen zeigen doch andere Stellen derselben Quelle, dass diese Worte nur dahin zu verstehen sind, dass mit der Einführung eines für das ganze Reich bestimmten Christenrechtes in Drontheim eben nur der Anfang gemacht wurde, soferne uns erzählt wird, wie der König, von dort aus südwärts ziehend, an einer Dingstätte nach der andern sein Christenrecht verlesen, und natürlich auch von den Dingleuten rechtsförmlich zum Gesetze erheben liess[2]), und wie er bei einem späteren Besuche des Naumudalr genau dasselbe Verfahren einhielt[3]); bezüglich der Landschaft Víkin wird dabei ausdrücklich gesagt[4]), und bezüglich der übrigen Bezirke wenigstens durch den Zusammenhang angedeutet, dass das ihnen vorgelegte Christenrecht genau dasselbe gewesen sei, welches vorher im Norden eingeführt worden war. Dazu kommt, dass in den uns erhaltenen GþL. sowohl als FrþL. widerholt kirchenrechtliche Bestimmungen, welche K. Ólaf und sein Bischof Grímkell erlassen haben sollen, auf ein Monstrarþíng oder

---

1) Heimskr. Ólafs s. ens helga, cap. 56, S. 268. Die geschichtl. Ólafs s. ens helga, cap. 48, S. 44 (ed. Munch and Unger), folgt Dem wörtlich, und ebenso die Flbk, II, S. 48, nur dass hier, offenbar aus Übersehen, Grímkels Name fehlt. In FMS., IV, cap. 56, S. 106 —9 fehlen dagegen die Worte: „tók af — — kennimanna".

2) Heimskr., cap. 58, S. 261: en á hverju þingi lét hann upplesa kristin lög ok þau boðorð er þar fylgðu.

3) ebenda, cap. 111, S. 536: í Naumdœlafylki; — — hann lét þá ok þar sem annarstaðar lög þau upplesa, sem hann bauð mönnum þar í landi kristni at halda.

4) ebenda, cap. 62, S. 266: Ólafr konúngr lét bjóða um Víkina kristin lög með sama hœtti sem norðr í landi. Mit allen drei Angaben stimmen die entsprechenden Stellen der anderen Bearbeitungen der Sage.

Mostrarþing zurückgeführt werden[1]). Dasselbe kann doch wohl nirgends anders als auf der Insel Móstr in Hörðaland gehalten worden sein, welche bereits seit K. Ólaf Tryggvasons Zeiten eine Kirche besass, und ebendarum nicht einmal als ein Gulaþíng, geschweige denn als ein Frostuþíng gelten; eine Versammlung ganz abnormer Art muss vielmehr gemeint sein, zu welcher der hervorragendere Theil des Klerus, und wohl auch die höhere Aristokratie des ganzen Reiches zusammenberufen worden war, soweit solche den Interessen des neuen Glaubens sich überhaupt förderlich erwiesen hatte, und hier war demnach wohl das Christenrecht in seinen Grundzügen festgestellt worden, welches dann hinterher der bestehenden Verfassung entsprechend an der Dingstätte jedes einzelnen Dingverbandes, und soviel die noch unverbundenen Volklande betraff an jedem einzelnen fylkisþínge noch besonders zur Anname vorgelegt werden musste. In der That musste die Natur der Sache dazu führen, dass man dem Christenrechte eine einheitliche Gestalt für das ganze Reich gab, und kann somit nur etwa Das auffallen, dass von der in den Rechtsbüchern genannten grundlegenden Versammlung in den Geschichtswerken gar keine Erwähnung gethan wird; die kirchenrechtlichen Anordnungen aber, welche diese mehrfach durch den heil. Ólaf für sein ganzes Reich treffen lassen, wie z. B. die Regelung der gegenseitigen Rechte und Pflichten zwischen dem Klerus und dem übrigen Volke[2]), die Vorschrift des Baues und der Dotirung von Kirchen für jedes einzelne Volkland[3]), und wohl auch die strengen Bestimmungen

---

1) GÞL., §. 10: þat er nú þrí næst, at vér skolom kirkjum þeim ollom uppbalda ok kristnum dóme, er Ólafr hinn helge oc Grímkell biscop setta á Monstrar (al. Mostrar) þíngi; §. 15: Nú er þat því næst, at biscop várr scal kirkjum ráða, sem Ólafr hinn helgi jatte Grímkeli biscope á Monstrar (al. Mostrar) þínge; § 17: Nú ero þeir dagar, er Ólafr hinn helgi oc Grímkell biscop setta á Monstrar (al. Mostrar) þingi, oc baðu fosto firi oc nónhelgi; FrþL. III, §. 1: Svá er mælt, at engi skal taka kono í sætt sína annars kostar an mælt er oc biskup leyfði á Mostrar (al. Monstrar) þingi.

2) Oldnorsk Homiliebog, S. 168: þat setti hann í lögum sínum, hvat lærðir menn eigo at veita úlærðum mönnum af gæðs hendi; birtir hann ok því, hverjar þakkir ok regsemd þeir skulu af þeim fyrir hafa; Legenda de S. Olavo, S. 531: In illis etiam (sc. legibus), quantum liceret prælatis in subjectos, et quantam subjecti reverentiam exhiberent erga prælatos, certis limitibus discrevit ibi modestissimus et æquissimus arbiter.

3) Fagrsk. § 93, S. 79: hann lèt ok kirkjur reisa í hverju fylki, ok lagði prǿvendur til; ebenso Flbk, III, cap. 11, S. 246; dann legendarische Ólafs s. ens helga, cap. 47,

gegen alles Zaubertreiben im Lande, von welchen Meister Adam spricht, können jedenfalls nur in diesem Christenrechte gestanden haben. Erwähnt muss ferner werden, dass unsere Geschichtsquellen, was die einzelnen Provincialrechte betrifft, nur der Fürsorge des Königs für die Frostuþíngslög[1]) und die Eiðsifjaþíngslög ausdrücklich gedenken, welche letzteren sie auch über Víkin sich erstrecken lassen[2]). Aber wenn die Fagrskinna von den Gesetzen, welche K. Hákon Aðalsteinsfóstri mit des klugen þorleifs Unterstützung zu Stande brachte, bemerkt, dass deren grösster Theil von dem heil. Ólaf benützt worden sei[3]), so kann diess eben doch zunächst nur auf die Gulaþíngslög bezogen werden, und die Art, wie die meisten Quellen von der gesetzgeberischen Thätigkeit des Königs sprechen, würde auch abgesehen hievon die Annahme ausschliessen, dass ein so bedeutender Theil des Reiches von derselben unberührt geblieben sei. Endlich wird noch gut sein zu bemerken, dass zwar der Mönch Theodorich und die Legenda de S. Olavo von schriftlicher Abfassung der Gesetze des heil. Ólafs wissen wollen, und der erstere sogar von deren Aufzeichnung in der Landessprache redet[4]), dass aber nicht nur diese letztere Angabe Allem widerspricht, was wir über die ersten Anfänge der altnordischen Litteraturgeschichte wissen, sondern auch gegen die erstere sich der dringende Verdacht eines Misverständnisses regt. Widerholt wird nämlich in den verschiedensten Quellen über die Geschichte des heil. Ólafs ausgesprochen, dass dessen Gesetze in Nor-

---

S. 85; ebenda, cap. 81, S. 22 heisst es dagegen: Ólafr Haraldsson gaf sö til kirkna þeirra, er Ólafr Tryggvason hafði reisa látit, með ráðum Grímkels biskups, svá at mork vegens silfrs skyldi greiðast á hverju áre til hverrar fylkiskirkju í leigu jarða þeirra er til lágo.

1) siehe oben, S. 107.

2) Heimskr., cap. 120, S. 849: þá stefndi Ólafr konúngr þíng fjölmennt í þeim stað, sem síðan hefir verit Heiðsævisþíng. Setti hann þá lög í lögum, at til þess þíngs skyldi sækja Upplendíngar, ok Heiðsævislög skyldu gánga um öll fylki á Upplöndum, ok svá víða annarstaðar, sem síðan hafa þau gengit. Ebenso FMS., IV, cap. 109, S. 250, und Flbk, II, S. 192; die betr. Stelle der legendarischen Sage siehe oben, S. 105, Anm.

3) siehe die Stelle oben, S. 105, Anm. 1.

4) Theodor. mon., cap. 16; Leges patria lingua conscribi fecit, juris et moderationis plenissimas, quæ hactenus a bonis omnibus et tenentur et venerantur; Legenda de S. Olavo, S. 530—1: leges divinas et humanas multa plenas sapientia et mira dispositas discretione scripsit et promulgavit. Auch Saxo spricht, S. 515, von „vetusta monimenta".

wegen bis in die Gegenwart herunter in Geltung seien[1]), ganz wie andererseits in geschichtlichen Berichten über Vorgänge des 12ten und 13ten Jhdts. und sogar in gesetzlichen Erlassen aus dieser Zeit die fortdauernde Gültigkeit eben jener Gesetze widerholt behauptet wird, ein Punkt, der unten noch von anderer Seite her des Näheren zu erörtern sein wird. Offenbar kann die Meinung bei derartigen Angaben nur die sein, dass im Grossen und Ganzen das von dem Könige gesetzte oder gebilligte Recht auch später noch materiell in Geltung geblieben sei, wenn auch im Einzelnen mannigfach verändert, und zumal in seiner äusseren Erscheinungsform umgestaltet; recht wohl möglich wäre aber, dass einzelne ältere Autoren, den Unterschied zwischen einer formellen und einer materiellen Geltung nicht beachtend, und von den Vorstellungen ihrer eigenen Zeit über die Erscheinungsform der Gesetze ausgehend, diese unbesehen auch auf die älteren Zeiten übertragen, und dass sie, den alten Kern der neueren Rechtsaufzeichnungen einseitig ins Auge fassend, irrthümlicher Weise auch diesen Aufzeichnungen selbst ein allzu hohes Alter beilegen zu dürfen glaubten.

Von einer umfassenderen gesetzgeberischen Thätigkeit für das Gulaþíng ist in den Geschichtsquellen nach des heil. Ólafs Zeiten nicht mehr die Rede, wenn auch einzelner gesetzlicher Erlasse aus späteren Jahren noch öfters gedacht wird, und zumal das unter dem Namen der Grágás bekannte Gesetzbuch, welche Ólafs Sohn, K. Magnús góði zugeschrieben wird[2]), war für die Landschaft Drontheim und nicht für das Gulaþíng bestimmt. Ehe ich mich aber zu der zweiten Frage wende, wie sich die uns erhaltenen Gulaþíngslög zu diesen Angaben der Geschichtswerke verhalten, erscheint es nöthig, auf dieses Rechtsbuch selbst, so wie es uns vorliegt, einen prüfenden Blick zu werfen.

---

1) s. B. Theodor. mon., ang. O.; Saxo, S. 515: quarum (sc. legum) vetusta monimenta plebs Norica praesenti veneratione complectitur; Oldnorsk Homiliebog, S. 148: þat má finna, ef leita vil, í lögum þeim, und vorher, S. 147: Nú eptir þat þá setti hann log manna á millum, þau er yfir allt land hafa síðan halden verit.

2) Heimskr. Magnúss s. góða, cap. 17, S 628: Síðan lét Magnús konúngr rita lögbók þá er enn er í þrándheimi, ok köllud er Grágás; wörtlich ebenso Ólafs s. ens helga, cap. 261, S. 239—40, (ed. Munch und Unger), und ähnlich in FMS., V, cap. 244, S. 131. Ferner Sverris s., cap. 117, S. 277: til lagabókar þrænda, þeirrar er kölluð er Grágás, er rita bafði látit Magnús konúngr hinn góði, Ólafsson; ebenso Flbk, II, S. 636—7.

Von den Gulaþíngslög ist uns nur eine einzige annähernd vollständige Hs. erhalten, der Codex Ranzovianus, oder wie er auch bezeichnet wird, Membr. nr. 137 in 4'°, „e donatione variorum", in der Universitætsbibliothek zu Kopenhagen. Nach dem Zeugnisse der Herausgeber ist diese Hs. nicht nach der Mitte des 13ten Jhdts. geschrieben; in ihrer Mitte etwa hat sie eine grössere Lacune, welche sich auch aus anderweitigen Hülfsmitteln nicht ergänzen lässt, und auch an ihrem Schlusse ist sie defect, ohne dass sich bestimmen liesse, wieviel fehlt. In unserer einzigen Ausgabe der Quelle[1]) ist diese in 320 fortlaufend numerirte §. §. zerlegt, was indessen der in der Hs. selbst durchgeführten Eintheilung nur sehr ungenügend entspricht. Die als §. §. bezeichneten Stücke sind nämlich in dieser allerdings regelmässig durch besondere Überschriften von einander unterschieden[2]), sodass die Herausgeber insoweit der Eintheilung, welche sie in der Hs. vorfanden, nur die Numerirung beigefügt haben; allein über jener Zerlegung des Stoffes in einzelne § §. steht in der Hs. noch eine höhere Eintheilung desselben in grössere Abschnitte, und es ist ein entschiedener Mangel unserer Ausgabe, dass diese in derselben nicht zur Anschauung gebracht, vielmehr durch die fortlaufende Zählung der §. §. geradezu verdeckt wird. Hans Paus hatte in seiner dänischen Übersetzung des Rechtsbuches bereits den richtigen Weg eingeschlagen[3]), und es ist geradezu unbegreiflich, wie die neueren Herausgeber auf S. IX ihrer Vorrede sich darauf berufen konnten, dass unser Codex „antyder ikke ved særskilte Afsnit nogon Inddeling i Bolker"; die folgende Übersicht über die in demselben durchgeführte Eintheilung wird in schlagendster Weise das Gegentheil darthun. An ihrer Spitze trägt die Hs. die Gesammtüberschrift: „Hèr hefr upp *Gulaþingsbók*"; dann aber folgt sofort die weitere Bemerkung: „Hinn fyrsti bolkr bókar þessarar er um *kristinsdóms* bald várt", und wirklich wird sofort in

---

1) Norges gamle Love indtil 1387; Bd. I, S. 3—110 (Christiania, 1846).
2) Nur einmal, §. 224, ist ein Stück als § gezählt, welchem die Überschrift fehlt; nur einmal sind umgekehrt, §. 148, mehrere Stücke zu einem §. vereinigt, welche doch ihre besonderen Überschriften tragen. Beide Male hat der Zusammenhang den Ausschlag gegeben, und zwar mit Recht.
3) Samling af gamle Norske Love, I. Part; Kjöbenhavn (1751).

§. 1—33 das Christenrecht abgehandelt, nur mit der Einschränkung, dass in §. 2 eine auf die Thronfolgeordnung bezügliche Novelle, und in §. 3 eine auf die Dingordnung sich beziehende Bestimmung eingeschoben ist. Vor §. 34 steht sodann die Überschrift: „Hèr hefr *Kaupabolk*", und bezieht sich dieselbe offenbar auf §. 34—50, in welchen wirklich das Vertragsrecht abgehandelt wird. An dieses schliesst sich unter der Überschrift „*Kvennagiftir*" in §. 51—56 das Eherecht, und weiterhin unter der Überschrift „*Leysingslög*" das Recht der Freigelassenen an, §. 57—71; doch wird in dem letzteren Abschnitte neben den Freigelassenen auch noch von der Legitimation, den Unfreien, den Schuldknechten und von den freien Dienstleuten gehandelt, und überdiess sind in denselben zwei §. §., nämlich 59 und 60, eingestellt, welche mit demselben gar Nichts zu thun haben, vielmehr lediglich processualischen Inhaltes sind. Nun folgt, durch die Überschrift „*Landsleigubolkr*" eingeführt, das Recht der Landleihe, §. 72—101, in Verbindung mit welchem auch mancherlei andere, das Grundgüterrecht betreffende Bestimmungen vorgetragen werden; in §. 102 aber schliesst sich wider ein Stück processualischen Inhaltes an, welches weder mit dem Vorhergehenden noch mit dem Nachfolgenden irgend Etwas gemein hat. Mit der Überschrift „Hèr hefr upp *Erfðabolk*" beginnt sodann das Erbrecht, welches §. 103—130 füllt; dann aber folgt eine längere Reihe bunt durcheinander gewürfelter Bestimmungen, unter denen sich irgend ein Zusammenhang nicht entdecken lässt, §. 131—150. Die Überschrift „Hèr er um þingsboð", welche vor §. 131 steht, und welche von Paus auf §. 131—147 bezogen worden ist, war augenscheinlich nur für jenen einzigen §. bestimmt, wie denn auch jeder der folgenden wider eine besondere, seinem Inhalte entsprechende Überschrift trägt; die vor §. 148 stehende Überschrift „Hèr oro rèttarbœtr þær, er Magnús góðe gaf í Längeyjarsundi, en sumar gaf Hákon þóresfóstre", bezieht sich ebenfalls wider nur auf diesen einen §., wobei freilich daran zu erinnern ist, dass die zwei letzten Abtheilungen desselben wider mit besonderen Überschriften versehen sind, und somit nach der sonst von den Herausgebern befolgten Regel als gesonderte §. §. hätten gezählt werden müssen; nur die vor §. 149 stehende Überschrift: „Hèr hefr Hvalrètte", bezieht sich zweifellos auch noch auf §. 150, und da mit diesem §. die in der Mitte unserer Hs. vorfindliche Lacune beginnt, lässt sich nicht erkennen, ob das Recht der Walfische sich noch weiter fortsetzte oder nicht. Da nach §. 150 noch anderthalb Blattseiten unbeschrieben sind, und nur das erste Blatt des nächstfolgenden Bogens weggerissen ist[1]), lässt sich vermuthen, dass der Schreiber der Hs. sich, sei es nun zur Fortsetzung des Walfischrechtes oder auch zur Aufname weiterer Miscellen noch einigen Raum offen halten wollte, und dass er das Nächstfolgende von dem Vorhergehenden getrennt behandelt wissen wollte, erweist sich auch daraus, dass der Anfang des folgenden Abschnittes mit viel grösserer Schrift geschrieben ist als der Schluss des vorhergehenden Bogens, soferne dieses auf einen neuen Anlauf schliessen lässt, welchen derselbe hier genommen hatte; was den Mann aber zu solchem Verfahren bestimmt haben möge, lässt sich natürlich in keiner Weise ermitteln. Der auf die Lücke folgende Abschnitt ist, wie bereits bemerkt, an seinem Anfange defect, und zeigt somit selbstverständlich keine Überschrift; indessen entspricht der Inhalt von §. 151—252 genau Dem, was in anderen norwegischen sowohl als schwedischen Rechtsbüchern als *„Mannhelgi"* bezeichnet zu werden pflegt, und wird demnach diese die verlorene Überschrift dieses Capitels gewesen sein. Unter der Überschrift „Hèr hefr upp *þjófa bolk*" folgt sodann, die §§. 253—64 umfassend, die Lehre vom Diebstahl, und auf diese unter der Überschrift „Hèr hefr upp *Óðalsbrigði*" das Recht der Stammgüter und ihres Retractes, §. 265—94. Hieran schliesst sich wider, mit der Überschrift: „Hèr hefr upp *Útgerðarbolk*", die Lehre vom Heerwesen in §. 295—314 an, welche mit einer besonderen, feierlichen Schlussformel endigt; §. 315 bringt sodann noch eine Notiz über die Zahl und Grösse der Schiffe, welche die einzelnen Landschaften des ganzen Reiches zum Kriegsheere zu stellen haben, §. 316—19 enthalten unter der Überschrift „Hèr hefr upp saktal hit nýja, þat er Iljarne Marðarsun skipaðe", eine neue Wergeldstafel, endlich § 320 giebt die Anfangsworte einer Friedensgelöbnissformel (tryðarmál), und mit diesen bricht die Hs. ab, von deren letztem Bogen zwei Blätter weggerissen sind, sodass sich nicht erkennen lässt, ob über diese

---

[1] vgl. Árni Magnússon's Notiz auf S. 60, Anm. 3 der Ausgabe.

hinaus noch mehr fehlt, oder ob nicht vielleicht umgekehrt selbst jene beiden Blätter nur unvollständig beschrieben gewesen seien. Neben dem Cod. Ranzovianus, welcher, als A. bezeichnet, für die Ausgabe unserer Quelle zu Grunde gelegt worden ist, steht sodann noch eine Reihe von Bruchstücken anderer Hss., welche, obwohl zumeist nur geringen Umfangs, doch gerade in quellengeschichtlicher Beziehung z. Th. von grossem Interesse sind. Das *erste Fragment*, von den Herausgebern als B. bezeichnet, und gleich im Anschlusse an die Haupths. benützt, ist am Anfange oder um die Mitte des 14. Jhdts. geschrieben, und in AM. 309 fol. aufbewahrt. Dasselbe enthält zur Zeit lediglich den grösseren Theil des Christenrechts, in dessen §. 29 es abbricht; ursprünglich muss dasselbe aber viel weiter gereicht, und aller Wahrscheinlichkeit nach sogar das gesammte Rechtsbuch enthalten haben. Einmal nämlich lässt es dem Christenrechte ein Verzeichniss der in demselben enthaltenen §. §. vorangehen, welches die sämmtlichen in unserem Haupttexte enthaltenen Stücke aufzählt, und durch die Zerlegung des §. 32 in zwei Nummern sogar auf 34 statt auf 33 §. §. kommt; das Christenrecht wenigstens muss hiernach in der Hs. vollständig gestanden haben. Sodann aber stellt das Fr. auch seinerseits die Aufschrift „Hèr hefr upp Gulaþíngsbók" an die Spitze, und bezeichnet das Christenrecht als „hinn fyrsti bolker í þessare bók", was denn doch mit Bestimmtheit darauf hindeutet, dass neben dem Christenrechte auch noch andere Abschnitte in der Hs. enthalten waren, und dass diese einen vollständigen Text der Gulaþíngslög, und nicht blos eine Abschrift ihres Christenrechtes zu geben beabsichtigte. Principiell erhebliche Varianten scheint übrigens das Bruchstück nicht zu bieten, und insbesondere enthält dasselbe die Novelle bezüglich der Thronfolgeordnung, dann die Bestimmungen über die Zusammensetzung des Gulaþínges, ganz in derselben Weise und ganz an derselben Stelle wie A. — *Zweitens* kommen zu erwähnen drei zu einem einzigen Codex gehörige Fragmente, welche die Herausgeber, als C a, C b und C c bezeichnet, zu gesondertem Abdrucke gebracht haben[1]). Dieselben sollen in der zweiten Hælfte des 12. Jhdts., also vor unserer Haupths., geschrieben sein, und liegen in AM. 315 fol.

---

1) Norges gamle Love, I, S. 111—15.

mit Bruchstücken verschiedener anderer Hss. zusammengebunden vor; von C c besitzt überdiess die kgl. Bibliothek in Kopenhagen in nr. 1633 in 4<sup>to</sup> eine Papierabschrift, welche zu einer Zeit angefertigt worden war da unser Fragment noch etwas vollständiger war als jetzt, und auch diese ist für jenen Abdruck mit benützt worden. Es enthalten aber diese Fragmente Stücke vom Kristindómsb., Mannhelgi und Útgerðarb., und werden dieselben somit ohne Zweifel einer vollständigen Recension des Rechtsbuches angehört haben; ihr Text unterscheidet sich dabei schon äusserlich von dem des Cod. Ranzov. durch das Fehlen aller Überschriften der §. §., und ausserdem zeigt derselbe auch noch andere, ungleich bedeutsamere Abweichungen, auf welche unten noch zurückzukommen Veranlassung sein wird. — *Drittens* enthält derselbe Sammelband der Arnamagnæana, von welchem soeben die Rede war, noch zwei weitere Bruchstücke, welche zu einem anderen Codex der GpL. gehörten. Dieselben sollen von einer etwas jüngeren Hand geschrieben sein als die soeben besprochenen Fragmente, jedoch kaum von einer jüngeren als A.; sie sind, als D. bezeichnet, gleichfalls vollständig veröffentlicht[1]), und enthalten einige Stücke aus den Leysíngslög, sowie aus dem Landsleigubálkr, sodass auch bezüglich ihrer zu vermuthen ist, dass sie einer vollständigen Hs. des Rechtsbuches angehört haben mögen. Die Capitelüberschriften lässt diese Hs. zwar an einzelnen Stellen ebenfalls weg, an anderen aber setzt sie dieselben; bemerkenswerthe Varianten bietet sie, soviel ich sehe, nicht. — *Viertens* endlich haben die Herausgeber noch ein paar weitere Bruchstücke vollständig abgedruckt[2]), welche sämmtlich einer und derselben Hs. angehören, und von mir als E. bezeichnet werden mögen. Dieselben fanden sich mit einer ziemlichen Menge anderer Handschriftenfragmente, zum Einbinden älterer Amtsrechnungen verwendet, im norwegischen Reichsarchive vor, und sind am Schlusse des 12. Jhdts. geschrieben[3]); sie enthalten Stücke aus dem Christenrechte, Eherechte, Freigelassenenrechte, Landleiherechte und

---

1) ang. O., S. 115—16.
2) Norges gamle Love, II, S. 495—500.
3) vgl. über den Fund Munch's Bericht in Lange's Norsk Tidsskrift for Videnskab og Litteratur, I, S. 25—62; hieher gehört zumal S. 30.

Stammgüterrechte, und haben demnach sicherlich einer vollständigen Hs. des Rechtsbuches angehört. Auch diese Fragmente weichen übrigens zunächst wider in ihrer Eintheilung von unserem Haupttexte ab. Bald sind in ihnen Überschriften von §. §. ausgelassen, welche in A. stehen[1]), bald stehen umgekehrt Überschriften in den Fragmenten, welche die Haupths. weglässt, sodass also ein hier einheitlich auftretender §. dort in mehrere zerlegt erscheint[2]), oder es kehren zwar hier und dort gleichmässig Überschriften wider, aber so dass sie in ihrer Wortfassung abweichen[3]). Neben diesen mehr äusserlichen Differenzen kommen aber auch andere und bedeutsamere vor. Im Eherechte z. B. sind einmal ein paar Bestimmungen in E. in eine andere Reihenfolge gebracht als in A.[4]), und wenn im Christenrechte ein §. dort zu fehlen scheint[5]), so muss dahingestellt bleiben, ob derselbe nicht etwa ebenfalls nur versetzt, und dadurch in einen für uns verlorenen Theil der Hs. zu stehen gekommen sei; ausserdem aber enthält E. auch ein paar sehr alterthümliche, und auch anderwärts noch nachweisbare Bestimmungen, welche in A. fehlen, und auf welche ich weiter unten noch Gelegenheit finden werde des Näheren einzugehen.

Schon aus dieser Darlegung des handschriftlichen Befundes geht hervor, dass gleichzeitig verschiedene Recensionen unseres Rechtsbuches umliefen, welche nicht nur durch einzelne Abweichungen in den Lesarten sich von einander unterschieden, sondern auch in der Art der Zerlegung ihres Stoffes in §. §., in der diesen §. §. angewiesenen Reihenfolge, und in den ihnen vorgesetzten Überschriften auseinandergiengen, ja sogar ihrem Inhalte nach nicht völlig gleichartig waren, soferne mehrfach Bestimmungen in der einen Recension vorhanden waren, von denen die andere Nichts wusste. Der geringe Umfang der uns erhaltenen Fragmente, und zumal der ältesten und wichtigsten unter ihnen, C. und E., lässt freilich das Mass von Selbstständigkeit nicht vollständig erkennen, welches wir diesen verschiedenen Texten beizulegen haben; in-

---

1) So in G}L. §. 29, 30, 52, 54, 55, 85, 288 und 289, wobei indessen die Überschrift in einzelnen Fällen ursprünglich vorhanden gewesen, und nur unlesbar geworden zu sein scheint.
2) ebenda, §. 32 und 82.
3) ebenda, §. 82, 83, 84 und 86.
4) ebenda, §. 52 ist in E. zwischen §. 53 und §. 54—55 eingeschoben.
5) ebenda, §. 31.

dessen genügt das Vorhandene doch, um für die Benützung anderweitiger Behelfe zu unserer Untersuchung uns den rechten Weg zu weisen. Jenes gleichzeitige Auftreten verschiedener Textesgestaltungen nämlich muss uns sofort die doppelte Frage nahe legen, ob denn überhaupt irgend eine der uns ganz oder theilweise erhaltenen Recensionen unseres Rechtsbuches als ein unmittelbares Erzeugniss der Gesetzgebung zu betrachten sei, oder ob man nicht vielmehr in ihnen allen nur spätere Bearbeitungen älterer Materialien zu erkennen habe, und ob sodann, wenn das letztere der Fall sein sollte, diese Bearbeitungen auf officiellem Wege, oder ob sie nicht vielleicht vielmehr durch blose Privatthätigkeit zu Stande gekommen seien? Der Natur der Sache nach wird beim Versuche einer Beantwortung beider Fragen vorerst nur der Cod. Ranzov. in Betracht zu kommen haben; bezüglich seiner aber ergiebt sich sofort die Nothwendigkeit, zwischen zwei verschiedenen Bestandtheilen seines Inhaltes zu unterscheiden. Auf der einen Seite steht nämlich eine Anzahl grösserer Abschnitte, welche, fest in sich abgeschlossen, den Hauptinhalt des Textes geben; auf der anderen Seite aber findet man eine ziemliche Reihe mehr vereinzelter Stücke, welche theils zwischen jene grösseren Abschnitte hineingeschoben, theils ihnen an ihrem Schlusse angehängt, theils aber auch in den Text des einen oder anderen Abschnittes selbst eingeschaltet wurden. Jene ersteren Abschnitte bilden offenbar das Knochengerüste des ganzen Rechtsbuches, dessen weitaus wichtigsten, und zugleich vorzugsweise constanten Theil; diese letzteren Stücke dagegen erscheinen als so zu sagen flottante Bestandtheile, welche, an sich von ungleich geringerem Gewichte, doch gerade für eine quellengeschichtliche Untersuchung ihre besondere Bedeutung haben. Beide Bestandtheile unseres Rechtsbuches sollen sofort gesonderter Betrachtung unterzogen werden.

Betrachtet man zunächst die grösseren Abschnitte, in welche unser Rechtsbuch sich gliedert, und vergleicht man dieselben mit der Eintheilung des gemeinen Landrechtes von 1274, so ergiebt sich sofort eine sehr augenfällige Übereinstimmung. Der Kristindómsbálkr, Kaupab., Landsleigub. und þjófab. kehren hier wie dort unter dem gleichen Titel wider; der Erfðab., Óðalsbrigði und der Útgerðarb. unter einem nur sehr wenig veränderten, nämlich als Erfðatal, Landsbrigði und Útfarab.; der

Titel Mannhelgi endlich lässt sich zwar aus zufälligen Gründen in unserem Rechtsbuche nicht nachweisen, wird demselben aber sicherlich ebensogut bekannt gewesen sein wie den Landslög, und der betreffende Abschnitt ist jedenfalls hier wie dort ganz gleichmässig vertreten. Zwei Abschnitte nur, welche in unseren GþL. sich finden, sind in den Landslög nicht, oder doch nicht selbstständig vertreten; aber bezüglich beider ist die Abweichung leicht erklärt: die Kvennagiftir sind in den LL. aus systematischen Gründen, welche deren Prolog ausdrücklich hervorhebt, in das Erfðatal eingestellt[1]); die Leysíngslög aber sind aus den LL. zufolge des anderen Umstandes verschwunden, dass die Unfreiheit, und mit ihr die Freilassung, in der zweiten Hälfte des 13. Jhdts. in Norwegen bereits beseitigt war, also von dem ganzen Abschnitte nur noch der einzige von den freien „verkmenn" handelnde §. praktische Bedeutung behielt, welcher seinerseits, ganz mit Fug und Recht, nunmehr in das Vertragsrecht eingereiht wurde. Umgekehrt enthalten auch die LL. zwei Abschnitte, von welchen die GþL. Nichts wissen; allein der eine von diesen ist der þíngfarabálkr, welchen der Prolog des Landrechtes selbst als eigentlich nicht zum Rechtsbuche gehörig bezeichnet[2]), und der andere, der den Titel Kèttarbœtr trägt, bildet nur gewissermassen einen Anhang zu diesem, indem er die späteren Novellen nachträgt, welche an dem ursprünglichen Texte desselben änderten. Mit diesen wenigen und überdiess leicht erklärlichen Modificationen finden sich die sämmtlichen Abschnitte unserer GþL. in den LL. wider und umgekehrt; dagegen ist die Ordnung eine völlig verschiedene, in welcher dieselben hier und dort auf einander folgen, soferne in den LL. der Kristindómsb., Útfarab., Mannhelgi, Erfðatal, Landabrigði, Landsleigub., Kaupab. und þjófab. sich an einander anreihen. Vergleicht man ferner die Eintheilung unserer GþL. mit der Eintheilung der Frostuþíngslög, die allein unter den übrigen Provincialrechten in Betracht kommen können, da von den Eiðsifja-

---

1) Næst mannhelgi er erfðatal með því fleira, sem því heyrir, ok hefr þat með kvenna giptíngum, því at miklu varðar þeim sem til arfanna kalla, at þeir só í heilögum ok logligum hjúnskap getnir.

2) þíngfarabolkr er nú sem fyrr af andverðu ritaðr, áðr en hefs sjálfa bókina. — — Fyrsti lutr bókarinnar er kristinsdómsbolkr.

þíngslög sowohl als den Borgarþíngslög eigentlich nur das Christenrecht erhalten ist, so orgiebt sich ein ganz änliches Resultat. Allerdings zeigt unser Text der FrþL. eine sonst unerhörte Eintheilung in 16 Theile (hlútir); allein die demselben vorgesetzte Einleitung erklärt ausdrücklich, dass diese eine Neuerung sei, und dass vordem das Rechtsbuch in Abschnitte (bálkar) zerfallen sei, welche man bei der Durchführung der neuen Eintheilung zwar umgestellt, aber nicht zerrissen habe[1]), und wir sind hiernach im Stande, aus der neuen Eintheilung uns die ältere noch mit ziemlicher Sicherheit wider herzustellen. Da ergiebt sich nun, dass der 1te Theil die Dingordnung enthält, deren Titel nur nicht zu ersehen ist, weil unser Text der Quelle am Anfange defect ist; der 2te und 3te Theil enthalten ferner das Christenrecht, der 4te, 5te und 6te das Recht der Körperverletzungen, welches auch hier ursprünglich den Titel „Mannhelgi" geführt hatte[2]); der 7te Theil enthält die Bestimmungen über das Heerwesen, und wird in §. 1 des ihm voranstehenden Inhaltsverzeichnisses noch ausdrücklich als Útfararbálkr bezeichnet; im 8ten und 9ten Theile folgt sodann das Erbrecht, jedoch so, dass in dasselbe zugleich auch das Freigelassenenrecht eingestellt ist; der 10te und 11te Theil bringt weiterhin das Vertragsrecht, jedoch so, dass der grössere Theil des letzteren Theiles von dem hier eingereihten Eherechte eingenommen wird; der 12te Theil wird von dem Stammgüterrechte eingenommen, auf welches in Theil 13—14, §. 11 das Recht der Landleihe folgt; mit §. 12 des 14ten Theiles beginnt sodann das Diebsrecht, welches auch noch den ganzen 15ten Theil einnimmt; endlich der 16te und letzte Theil enthält lediglich Novellen einzelner Könige. Man sieht, in Bezug auf den þíngfararbálk und die Rèttarbætr steht das drontheimer Provincialrecht auf einer Linie mit den Landslög, wogegen die Leysíngslög in ihm noch vertreten, und die Kvennagiftir noch vom Erbrechte getrennt vertreten sind wie in den GþL.; im Übrigen aber sind die Abschnitte

---

1) FrþL., Einleitung, §. 25: Bók þessi, er á ero skýrð Froataþings lög, höfum vèr skipt í 16 staði, ok hefir hverr lutr þá bolka í sèr, er nökkor líkindi hefir hverr við annan, eptir þvi er vèr máttum næst þessum hætti geta, svá at eigi brygði hinni fornu skipan, er á Frostoþingsbók hefir verit.

2) FrþL. IV, §. 1: þat er fyrst í mannhelgi várre.

hier wie dort wider ganz dieselben, nur dass auch hier wider die Reihenfolge eine eigenthümliche ist, in welche sie hintereinander gestellt erscheinen. Berücksichtigt man nun, dass die Eintheilung in derartige Abschnitte auch dem isländischen und dem schwedischen Rechte (nicht dem dänischen) geläufig ist, und dass selbst die Bezeichnung „bálkr" für dieselben hier wie dort, auf Island freilich nur neben dem gewöhnlicheren „þáttr"[1]), gebraucht wurde, so wird man wohl annemen dürfen, dass dieselbe eine althergebrachte und durchaus volksthümliche sei. Beachtet man ferner die Constanz, welche der Inhalt und die Benennung der einzelnen Abschnitte in den verschiedenen norwegischen Rechten zeigen, während das isländische sowohl als das schwedische Recht allerdings nach beiden Seiten hin mehrfach abweicht, so wird man die Wahrscheinlichkeit zugeben müssen, dass auch in dieser Beziehung sich schon frühzeitig ganz bestimmte Grundsätze feststellten, wenn dieselben auch nach der Abzweigung des isländischen Rechtes vom norwegischen erst jene Ausprägung erhalten haben mögen, in welcher sie uns entgegentreten. Betrachtet man sich endlich dem gegenüber die Verschiedenheit der Reihenfolge, in welcher da und dort die einzelnen Abschnitte zusammengestellt wurden, so wird sich sofort die Vermuthung aufdrängen, dass deren Bestimmung einer freieren Behandlung anheimgegeben gewesen sein möge. Mag sein, dass die einzelnen Abschnitte ursprünglich als selbstständige Arbeiten umgelaufen waren, wie denn nach einer feinen Bemerkung Schlyter's[2]) das Wort bálkr selbst nicht einen Theil eines grösseren Ganzen, sondern vielmehr ein in sich abgeschlossenes und für sich bestehendes Ganzes bezeichnet, und dass darum bei deren Zusammenstellung zu einem umfassenderen Rechtsbuche die Willkür der einzelnen Sammler freiere Hand hatte. Nur in einer einzigen Beziehung scheint dieser Willkür schon von Anfang an eine Grenze gezogen gewesen zu sein, insoferne nämlich, als von jeher das Christenrecht an die Spitze gestellt werden musste, sowie man mehrere Rechtsabschnitte zu einem Ganzen vereinigte. Dass in unseren GþL. das Christenrecht

---

1) Die Kgsbk. bietet den Titel: „Ómagabálkr".
2) Glossar zu ULL., h. v.

an die Spitze des ganzen Rechtsbuches gestellt ist, wurde oben bereits bemerkt; hier muss indessen noch auf die solenne Formel aufmerksam gemacht werden, mit welcher dasselbe beginnt[1]): „þat er upphaf laga várra, at vèr skolom luta austr ok biðja til hins helga Crist árs ok friðar, ok þess, at vèr haldem lande váro bygðu, ok lánardróttne várom heilum; sè hann vinr várr, en vèr hans, en guð sè allra várra vinr". Ganz änlich lautet aber auch der Beginn des Christenrechtes von Víkin[2]), und selbst in dem drontheimer Rechte findet sich an der Spitze des Christenrechtes eine vollkommen entsprechende Formel[3]), obwohl dieses hier den 2ten und 3ten Theil des Rechtsbuches ausmacht, dessen ersten Theil aber die Dingordnung einnimmt; nur das Christenrecht der Hochlande zeigt keinen entsprechenden Eingang, aber es beginnt dafür mit Worten, welche diesen Abschnitt deutlich als einen auf einen anderen folgenden bezeichnen[4]), und wird demnach wahrscheinlich auch hier die Dingordnung dem Christenrechte vorangegangen sein, und an ihrer Spitze wohl auch jene solenne Eingangsformel gehabt haben. Die wunderliche Erscheinung, dass in den FrþL. das Christenrecht als der Anfang der Gesetze bezeichnet wird, während es doch erst an zweiter Stelle zu stehen gekommen ist, dann dass dasselbe in den EþL. seinen Ehrenplatz sowohl als die auf ihn bezügliche Formel eingebüsst hat, erklärt sich dabei leicht aus der Vergleichung der Landslög. Auch in diesen beginnt nämlich das Christenrecht mit jener altherkömmlichen Formel, welche dasselbe als den Anfang des Gesetzbuches bezeichnet[5]), obwohl auch hier, von einer eigenen Segensformel eingeführt, ein þíngfarabálkr ihm vorangeht; hier aber erklärt der dem Gesetzbuche vorgesetzte Prolog ausdrücklich, dass dieser letztere eigentlich nicht zum Gesetzbuche selbst gehöre, dass vielmehr dieses in Wahrheit erst mit dem Christenrechte

---
1) GþL. §. 1.
2) BþL. I, §. 1: þat er upphaf laga várra, at austr skulum luta ok gefa Kristi, rækja kirkjur ok kennemann. In III, §. 1 ebenso, wogegen II am Anfange defect ist.
3) Frþl. II. §. 1: þat er upphaf laga várra, at vèr skolum kristni lýða, ok kristnum dóme, ok konúngi várum ok biskupi til laga ok til rèttra mála at fylgja at kristnum rètte rèttum.
4) EþL. I, §. 1: þat er nú þrí næst, at menn skulu kristnir vera ok nitta heiðnum dóme; ebenso in II, §. 1.
5) Landslög, KrD. §. 1: þat er upphaf laga várra Gulaþíngsmanna, sem upphaf er allra góðra luta, at vèr skolum halda ok hafa kristiliga trú.

als seinem ersten Theile beginne, und er bezeichnet überdiess diese Anordnung ganz unzweideutig als eine von Alters her übliche[1]). Als feststehend werden wir hiernach betrachten dürfen, dass man von Anfang an die Dingordnung als etwas ganz ausserhalb des übrigen Rechtes Stehendes behandelte, dagegen innerhalb dieses letzteren stets dem Christenrechte die erste Stelle einräumte; später erst scheint man dann die Dingordnung ebenfalls mit dem Gesammtrechte in Verbindung gebracht, hinsichtlich der Art aber, wie man diese Verbindung bewerkstelligte, verschiedene Wege eingeschlagen zu haben. Die LL., und ebenso wohl auch bereits die FrþL., behandelten dieselbe als eine Art von Einleitung zum übrigen Rechte, und betrachteten somit nach wie vor das Christenrecht als dessen ersten Theil, indem sie ihm ganz folgerichtig auch seine alte Eingangsformel beliessen; inconsequent ist dabei nur, dass die FrþL. nichtsdestoweniger die Dingordnung als erstes Buch mitzählen, eine Inconsequenz freilich, deren sich auch die neueren Herausgeber der Landslög schuldig machten, obwohl sie dadurch mit der angeführten Stelle des Prologes in den bestimmtesten Widerspruch traten. Die EþL. behandelten dagegen, wie es scheint, die Dingordnung sofort als den ersten Abschnitt des ganzen Rechtsbuches; sie liessen darum an der Spitze des Christenrechts die alte Eingangsformel weg, die ja fortan nur noch an der Spitze des þingfarabálks stehen konnte, und ersetzten sie durch Worte, welche jenen Abschnitt als einen nachfolgenden charakterisirten. Die GþL. endlich und die BþL. beliessen dem Christenrechte seinen alten Rang sowohl als seinen alten Eingang; aber die ersteren wenigstens verzichteten dafür auf eine ausführlichere Behandlung der Dingordnung, und schoben das Wenige, was sie von dieser überhaupt aufnamen, in das Christenrecht hinein, sodass dieses also die Behauptung seines hergebrachten Vorranges durch die Aufname eines ihm an und für sich völlig fremden Stoffes erkaufen musste. In hohem Grade interessant ist aber zu sehen, dass genau dieselbe Eingangsformel, welche wir an der Spitze der norwegischen Christenrechte finden, auch an dem Anfange des alten isländischen Christenrechtes widerkehrt[2]), — dass

---

1) siehe oben, S. 116, Anm. 2.
2) Kgsbk, §. 1, S. 3: þat er upphaf laga várra, at allir menn skolu kristnir vera á landi hér,

einzelne Berichte dieselbe bereits dem Gesetzsprecher þorgeirr Ljósvetningagoði in den Mund legen, als derselbe im Jahre 1000 zuerst die Anname des Christenthumes als Staatsreligion auf Island aussprach [1]), — ja dass sogar bereits im Heidenthume ganz dieselbe Formel an der Spitze der Úlfljótslög gestanden zu haben scheint, und zwar ebenfalls einen Abschnitt einführend, welcher Vorschriften religiösen Inhaltes enthielt [2]). Da wir wissen, dass es die Gulaþíngslög waren, nach deren Muster dieses älteste isländische Landrecht entworfen wurde, liegt der Schluss nahe, dass auch in Norwegen die gleiche Eingangsformel in gleicher Verwendung bereits in das Heidenthum zurückreiche; bedeutsamer noch ist aber, dass die isländische Verfassung auch die soeben besprochene Sonderung der Dingordnung von dem ganzen übrigen Rechte kennt, und dass sie für dieselbe überdiess einen vollkommen zureichenden Erklärungsgrund an die Hand giebt. Als eine der wichtigsten Obliegenheiten des isländischen Gesetzsprechers tritt nämlich dessen Verpflichtung hervor, am Alldinge das geltende Landrecht vorzutragen; bezüglich dieses Vortrages aber wurde zwischen der Dingordnung und den übrigen Theilen des Rechts genau unterschieden. Die Dingordnung (þíngsköp) hatte der Gesetzsprecher jedes Jahr vorzutragen, und zwar an dem ersten Freitage der Dingzeit, dem nächsten Tage also nach der feierlichen Hegung der Landsgemeinde; die übrigen Abschnitte des Rechts aber (lögþátto alla) hatte derselbe nur einmal während seiner dreijährigen Amtsperiode vorzutragen, und war dabei in sein freies Ermessen gestellt, welche einzelnen Abschnitte er in jedem einzelnen Jahre, und an welchen Tagen

---

ok trúa á einn guð foður ok son ok helgan anda. Vgl. KrR. hinn gamli, cap. 1, S. 2, Anm. a.

1) Njála, cap. 106, S. 164: þat er upphaf laga várra, sagði hann, at menn skulu allir vera kristnir hér á landi, ok trúa á einn guð föður ok son ok anda helgan; Ólafs s. Tryggvasonar, cap. 229, S. 242 (FMS., I): þá mælti þorgeirr: þat hefi ek upphaf laga várra til samþykkis við kristna menn, at hverr maðr á Íslandi meiri ok minni skal vera kristinn ok skírn taka; ebenso Flbk, I, S. 446.

2) Nach der Hauksbók, Landnáma, IV, cap. 7, S. 258, lauten die betreffenden Worte: þat var upphaf enna heiðnu laga, at menn skyldu eigi hafa höfuðskip í haf, u. s. w.; änlich im þorsteins þ. oxafóts, Flbk, I, S. 249, dem Anhange der jüngeren Melabók zur Landnáma, S. 334, und der älteren þórðar s. hreðu, cap. 1, S. 94. Vgl. wegen der gemeinsamen Quelle der Überlieferung meine Quellenzeugnisse über das erste Landrecht und über die Ordnung der Bezirksverfassung des isländischen Freistaats.

innerhalb der 14tägigen Dingzeit er sic vortragen wollte[1]). Von diesen Bestimmungen aus musste sich ganz natürlich einerseits eine Zerfällung des gesammten Rechtsstoffes in eine Anzahl einzelner Abschnitte von einer gewissen Selbstständigkeit und Abrundung ergeben, andererseits aber auch ein bestimmter Gegensatz zwischen der Dingordnung und allen anderen Theilen des Landrechtes, wie wir denn auch Beides im Rechte des Freistaates wirklich sehr deutlich bemerken können; das Hervortreten beider Erscheinungen auch auf dem Boden der norwegischen Provincialrechte legt aber die Frage nahe, ob nicht etwa auch hier für dieselben die gleiche Erklärung zu suchen sei? Ich lasse den Punkt vorläufig auf sich beruhen, um später von anderer Seite her nochmals auf ihn zurückzukommen; dagegen glaube ich hier noch bemerken zu sollen, dass die solenne Eingangsformel an der Spitze des Christenrechtes mit der Anname einer früheren Selbstständigkeit der einzelnen Abschnitte des Gesammtrechtes keineswegs so unvereinbar sei, als diess auf den ersten Anblick hin der Fall zu sein scheint. Möglich, dass ursprünglich jeder einzelne Abschnitt seine besondere Eingangs- und Schlussformel gehabt hatte, wie dergleichen in schwedischen Provincialrechten mehrfach vorkommt[2]), und auch in der besondern Schlussformel des Utgerðarbálks unserer GþL.[3]), dann des Christenrechtes der BþL.[4]) eine Spur hinterlassen haben könnte; möglich zugleich, dass jene Eingangsformel des Christenrechts ursprünglich nur dessen höhere Bedeutsamkeit gegenüber allen anderen Rechtstheilen bezeichnen, und dasselbe als den Grundstein der ganzen Rechtsverfassung charakterisiren sollte, während erst hinterher sich hieraus die Vorstellung entwickelte, dass dasselbe den ersten Platz in dem Rechtsbuche einzunemen habe, zu welchem man

---

1) Vgl. über diesen Punkt meinen Artikel „Grágás", in der Allgemeinen Encyklopädie der Wissenschaften und Künste, Bd. 77, S. 85—89.
2) vgL meine Bemerkungen hierüber, in der Krit. Vierteljahresschr., XIII, S. 81—88.
3) GþL. §. 314: Ná bafom vér landvorn vára á skrá setta, ok vitum eigi hvárt þat er rétt eða rángt; en þó at rángt sé, þá skolom vér þat lögmál hafa um útgerðir várar er fyrr hefir verit, ok Atlo talde fyrir monnum í Gula, nema konongr várr vili oss œðrom játta, ok verðim vér á þat sáttr aller saman.
4) BþL. I, §. 18: Nú er kristinnrettr (aldr slíkr sem vér komom minni á; skorter nokkot á, þá borte biskupar yfir með sínum rettindum. Geymi várr Jhesus Christus, Amen; ebenso II, §. 27, während III am Schlusse defect ist.

die bisher vereinzelt umlaufenden Rechtstheile vereinigte. Möglich aber auch, dass in einer noch weiter zurückliegenden Zeit das gesammte Recht, noch einfacher und dürftiger, wirklich ein zusammenhängendes Ganzes gebildet hatte, welches sich erst später bei fortschreitender Entwicklung in seine Theile auflöste, und dass jene uralte Eingangsformel des Christenrechtes nur als vereinzelter Zeuge einer längst entschwundenen Zeit stehen blieb, bis solche bei einer neuen Umgestaltung der Rechtsdenkmähler zum zweiten Male zu der alten Bedeutung gelangte.

Geht man sodann von der Betrachtung dieser grösseren Hauptstücke unseres Rechtsbuches zur Prüfung jener mehr vereinzelten Stücke über, welche sich in jene eingeschaltet, zwischen sie hineingeschoben, oder ihnen angehängt finden, so ist zwischen Vorkommnissen sehr verschiedener Art zu unterscheiden. Zum Theil handelt es sich nämlich dabei um Stücke von vollkommen selbstständiger Entstehung, welche erst hinterher mit dem ursprünglichen Grundstocke der GþL. in Verbindung gebracht worden sind; zum Theil dagegen sind die betreffenden Stücke von einer Art, welche jeden Gedanken an eine selbstständige Entstehung derselben vollständig ausschliesst. Unter jenen ersteren Gesichtspunkt fällt in gewisser Weise bereits Dasjenige, was §. 3 unserer GþL. über die *Zusammensetzung des Gulaþinges* bringt; aller Wahrscheinlichkeit nach liegt darin nur ein dürftiger Auszug aus einem weitläufigeren Abschnitte über die Dingordnung vor, welcher vom übrigen Rechtsbuche getrennt überliefert war, und genügt es dieserhalb, auf das oben Ausgeführte zurückzuverweisen. Hieher gehört aber auch die *Novelle über die Thronfolgeordnung*, welche in §. 2 des Rechtsbuches eingestellt ist. Dieselbe trägt die Überschrift: „Hér ero nýmæle þau, er tekin váro með M'. k', Eysteins erkibiskups, ok Erlíngs jarls ok allra hinna vitrasto manna í Noregi umrædom", und die Angriffe, welche neuerdings auf die Authenticitæt dieser Bezeichnung sowohl als des Stückes selbst erhoben worden sind[1]), scheinen mir in keiner Weise begründet, wie sie denn auch von einem neuesten Schriftsteller bereits treffend zurückgewiesen wurden[2]). Die Überschrift selbst weist auf

---
1) Von Paludan-Müller, in der Historisk Tidsskrift, III. Række, I. Bd, S. 203—269; vgl. zumal S. 274 und 288.
2) Hertzberg, En fremstilling af det norske aristokratis historie indtil kong Sverres tid, S. 129—54, Anm.

einen Reichstag hin, mit welchem die neue Thronfolgeordnung vereinbart worden sei, und da wir wissen, dass ein solcher gelegentlich der Krönung des Magnús Erlíngssou zu Bergen im Jahre 1164 wirklich gehalten wurde[1]), annemen können, dass bei dieser Gelegenheit über die Thronfolgeordnung verhandelt worden ist, da die Krönung eines nach dem bisherigen Rechte illegitimen Königs eine solche Verhandlung schlechthin nöthig machte, endlich von keinem zweiten Reichstage wissen, der unter diesem Könige gehalten worden wäre, darf wohl als feststehend betrachtet werden, dass jene Novelle eben dem Jahre 1164 angehört habe; dass Erlíngr in der Überschrift bereits als Jarl bezeichnet wird, während er diese Würde doch erst im Winter 1170—71 erlangte, wird jedenfalls nicht zu einem Einwande gegen diesen Schluss benützt werden dürfen, da ja jene Überschrift nicht einen Bestandtheil der Novelle selbst bildet, und die Bezeichnung, unter welcher der Mann in der Geschichte erwähnt zu werden pflegte, in ihr ganz ebensogut anticipirend gebraucht werden konnte, wie sie wirklich in einer Verordnung aus dem Winter 1202—3 anticipirend gebraucht wurde[2]). Wunderlich ist, dass die Bestimmungen über die Thronfolge gerade in den Kristinndómsbálk eingeschaltet wurden; indessen zeigen nicht nur die Gesetzbücher des K. Magnús lagabœtir dieselbe Anordnung, sondern auch in dem drontheimer Rechte zeigt der Haupttext dieselbe Eigenthümlichkeit[3]), und zwar wie sich annemen lässt ebenfalls wider auf Grund des Gesetzes von 1164, da nur dieses von einer Königswahl neben der Erbfolge sprach. Wenn man bedenkt, dass am Herrentage zu Bergen vom Jahre 1223 der Lögmann Gunnarr grjónbakr von Drontheim sich gerade bei einem Streite über die Thronfolgeordnung auf die „lögbók hins heilaga Ólafs konúngs, er eptir hans skipan var ger um allan Noreg, ok allir Noregs konúngar hafa síðan sampykt, þeir er réttu vilja fylgja", berufen konnte[4]), während doch der heil. Óláf nur sein Christenrecht einheitlich für das ganze Reich ver-

---

1) Heimskr. Magnús a. Erlíngssonar, cap. 21—22, S. 795—7; FMS., VII, cap. 13—14, S 304—7; Fagrsk. §. 268—9.
2) Norges gamle Love, I, S. 445; vgl. Munch, II, S. 932—3.
3) FrbL. II, §. 129, Anm. 1: Hinn fyrsti capituli í cristnum rette um konongs kosning. Der Text selbst fehlt in der Hs., da dieses am Anfange des Buches defect ist; vgl. S. 130, Anm. 5.
4) Hákonar a. gamla, cap. 91, S. 331; Flbk. III, S. 66.

fasste, im Übrigen aber nur mit der Revision der einzelnen Provincialrechte als solcher sich beschäftigte, möchte man fast vermuthen, dass bereits sein Christenrecht zugleich eine Thronfolgeordnung enthalten habe, was sich auch ganz gut daraus erklären würde, dass die Thronfolgeordnung ebensogut wie das Christenrecht eine für das ganze Reich gleiche sein musste. Indessen lässt doch der Umstand, dass in den GþL. sowohl als Frþl. gerade die Thronfolgeordnung von 1164 eingestellt ist, während in den beiden älteren Christenrechten, dem von Víkin nämlich und dem der Hochlande, keine Spur einer solchen zu finden ist, einen solchen Schluss einigermassen bedenklich erscheinen, während andererseits die eigenthümliche Verbindung, in welche das Königthum des Magnús Erlingsson mit den hierarchischen Bestrebungen seines Erzbischofes Eysteinn trat, recht wohl die Behandlung der Thronfolgeordnung im Christenrechte motiviren konnte; war doch gerade durch das Gesetz von 1164 die Entscheidung über die Nachfolge in der Regierung thatsächlich ganz in die Hand der Bischöfe gelegt, und damit so zu sagen selbst zu einem Bestandtheile des Kirchenrechtes gemacht worden! Ein änliches Einschiebsel bilden ferner die *Privilegien des K. Magnús góði und Hákon þórisfóstri*, welche §. 148 der GþL. enthält. Wir wissen aus den Geschichtsquellen[1]), dass K. Magnús durch allzu strenges Auftreten gegen die Widersacher seines Vaters eine bedenkliche Gährung unter seinen Unterthanen hervorrief, aber dann durch die Bersöglis-vísur des Sighvatr skáld gewarnt in sich gieng und seinen Frieden mit den Bauern machte, wobei auch eine Vereinbarung über die Gesetzgebung getroffen worden sei. Im Einzelnen gehen die verschiedenen Berichte allerdings auseinander; das Ágrip, die Flateyjarbók und ein paar in den FMS. benützte Bearbeitungen der Magnús s. góða wissen z. B. von einer zweifachen Dingversammlung, welche der König abhielt, und von dem Auftreten eines gewissen Atli als Wortführer der Bauern, während die übrigen Quellen hierüber schweigen, und das Ágrip

---

1) Heimskr. Magnús s. góða, cap. 16—17, S. 526—8; geschichtl. Ólafs s. ens helga, cap. 260—61, S. 238—40; FMS., V. cap. 243—44, S. 127—31; — Flbk, III, S. 267—70; FMS., VI, cap. 22, S. 37—45 (die Morkinskinna hat hier eine Lücke); — Fagrsk. §. 129 —131; Ágrip, cap. 29, S. 401—2.

verlegt überdiess die Verhandlungen mit den Bauern nach Drontheim, während die Heimskringla den ganzen Vorfall in Hörðaland spielen lässt, die übrigen Quellen aber sich jeder Ortsangabe enthalten. Indessen geht doch, wie schon von Anderen bemerkt wurde[1]), aus den Bersögliðvísur selbst hervor, dass die Gährung vorwiegend „suðr með Sygnum" herrschte, während der König weiter nordwärts, wahrscheinlich in Drontheim, sich aufhielt, und dass er hier von seinem getreuen Dichter gewarnt wurde; da mag denn auf der Fahrt südwärts in dem zu Norðmæri gehörigen Lángeyjarsunde, wie unsere Stelle besagt, eine vorläufige Zusicherung gewisser Zugeständnisse erfolgt sein, welche dann hinterher an der gesetzlichen Dingstätte, also in Hörðaland, für das Gulaþíng rechtsförmlich zum Gesetze erhoben wurden. An der Dingstätte zu Gula muss demnach auch Atli seine Rolle gespielt haben, und wird die abweichende Angabe im Ágrip wohl nur auf einem Misverständnisse einer Strophe Sighvats beruhen[2]); in das Jahr 1040 aber werden wir die Entstehung unserer Privilegien zurückzuführen haben, soweit dieselben überhaupt dem K. Magnús angehören. Bezüglich des K. Hákon þórisfóstri dagegen wissen unsere Quellen, soweit sie nicht ganz unbestimmt sich ausdrücken[3]), nur von Privilegien zu sprechen, welche er den Bewohnern von Drontheim und von den Hochlanden verwilligt habe[4]); in den Winter 1094—95 scheint diese seine Gesetzgebung zu fallen[5]), von welcher indessen dahingestellt bleiben muss, wieviel von derselben überhaupt auf das Gulaþíng sich bezog. Die soeben besprochenen Privilegien sowohl als die Thron-

---

1) Munch, I. 2, S. 850, Anm.; Keyser, Norges Historie, I, S. 436—7, Anm.
2) Die Worte: Greypt er þat höfðum hneptu
   heldr ok niðr í feldi,
   slegit hefir þögn á þegna,
   þíngmenn nösum stinga,
welche sich nur auf die aufrührerischen Zusammenkünfte der Bauern bezogen, deutete der Verfasser des Ágrip, wohl durch den Ausdruck þingmenn verleitet, auf das Benemen der Bauern an der vom Könige gehaltenen Dingversammlung, wie dies seine Wortfassung deutlich erkennen lässt. Daher der Irrthum.
3) wie Theodoricus monachus, cap. 30, und allenfalls auch die Fagrsk. §. 222.
4) Ágrip, cap. 30, S. 410; Morkinsk., S. 180; Heimskr. Magnús s. berfœtts, cap. 1, S. 636; FMS., VII, cap. 1, S. 1.
5) Munch, II, S. 469—70, Anm. 3, glaubt sie bereits um ein Jahr früher ansetzen zu sollen; seine Gründe leuchten mir indessen nicht ein.

folgeordnung des K. Magnús Erlíngsson sind, wie man sieht, legislative Erzeugnisse aus bestimmt nachweisbarer Zeit, und die letztere wenigstens war ursprünglich unzweifelhaft für das gesammte Reich erlassen, sodass sie erst hinterher, sei es nun auf officiellem oder nicht officiellem Wege in die einzelnen Provincialrechte eingestellt worden sein konnte, soweit sie überhaupt in diese Eingang fand. Unter einen etwas anderen Gesichtspunkt fällt dagegen jene Notiz über die *Zahl der von jeder einzelnen Landschaft zu stellenden Schiffe* (Gþl. §. 315), die Formel für die *tryggðamál* (§. 320), und aller Wahrscheinlichkeit nach auch die von Bjarni Marðarson verfasste *neue Wergeldstafel* (§. 316—19). Die ersteren beiden Stücke beziehen sich ganz unzweideutig auf das ganze Reich, nicht blos auf den Bezirk des Gulaþíngs; sie sind aber andererseits beide ebenso unzweifelhaft keine legislativen Producte, vielmehr lediglich Privatarbeiten, und somit nur mit Rücksicht auf ihre praktische Brauchbarkeit in die Hs. aufgenommen; in Bezug auf jene Wergeldstafel aber möchte ich in beiden Richtungen das Gleiche annemen. Bjarni Marðarson wird uns nämlich bereits um das Jahr 1198 in Hálogaland genannt, und etwas später nochmals in derselben Gegend erwähnt[1]); im Jahre 1223 tritt er am Herrentage zu Bergen unter den Lögmännern „or þrændalögum" auf[2]), und da auch seine Frau einem háleygischen Geschlechte angehörte[3]), wird der Mann wohl gerade dieser nördlichsten Landschaft des Reiches als Lögmann vorgestanden sein, obwohl dieses allerdings nirgends ausdrücklich berichtet wird. Die von ihm entworfene Wergeldstafel wird demnach von ihm wohl für das ganze Land bestimmt gewesen sein, da er eine solche für das Gulaþíng abzufassen weder durch seine Geburt noch durch sein Amt sich aufgefordert fühlen konnte. Übrigens mag noch bemerkt werden, dass die drei zuletzt erwähnten Stücke sämmtlich am Schlusse des Codex Ranzovianus stehen, und dass somit die Möglichkeit offen bleibt, dass sie von dessen Schreiber überhaupt nicht als zum Rechtsbuche selbst gehörig betrachtet, sondern nur, weil ebenfalls für die Rechtspraxis verwendbar, anhangsweise demselben

---

1) Sverris s., cap. 154, S. 370, und cap. 169, S. 390.
2) Hákonar s. gamla, cap. 86, S. 325.
3) Fagrsk., §. 215, S. 148.

beigegeben worden seien. — Ungleich schwerer als über die bisher besprochenen Stücke ist es natürlich, über diejenigen ins Reine zu kommen, *welche jeder Selbstständigkeit entbehren*; es sind diess aber die §. §. 59—60, welche in die Leysíngalög eingeschaltet sind, §. 102, welcher zwischen den Landsleigubálk und Erfðabálk eingeschoben steht, endlich die §. 131—47, dann 149—50, welche am Schlusse des Erfðabálkes bis zu der grossen Lacune in der Mitte der Hs. eingetragen stehen. Die sämmtlichen in den angeführten Stellen enthaltenen Bestimmungen treten so isolirt auf, und deuten zugleich ihrem Inhalte nach so gar nicht auf irgend welche zu einer bestimmten Zeit und zu einem bestimmten Zwecke durchgeführte legislative Neuerung hin, stellen sich vielmehr so unzweideutig nur als einzelne, abgerissene Theile eines an und für sich ganz wohl in sich abgeschlossenen von Alters her überlieferten Rechtssystemes dar, dass bei ihnen gar nicht an die Möglichkeit gedacht werden kann, dass sie jemals ein gesondertes Dasein geführt haben könnten; nur als Materialien können sie aufgefasst werden, welche der Schreiber oder Sammler des Codex Ranzovianus in beliebig welchem anderen Zusammenhange vorgefunden, und sodann an erster freier Stelle in die Hs. eingetragen hatte, ohne sich weiter darum zu kümmern, wie dieselben zu dem Vorhergehenden oder Nachfolgenden passen wollten. Man möchte dabei zunächst an zweierlei Möglichkeiten denken. Einerseits kann man sich nämlich vorstellen, dass der Sammler oder Schreiber unseres Textes verschieden geartete Recensionen des Rechtsbuches gleichzeitig vor sich hatte, wie denn bereits der handschriftliche Befund von der gleichzeitigen Existenz solcher unwidersprechliches Zeugniss giebt, und dass er dann, nachdem er zuerst die eine derselben vollständig abgeschrieben hatte, gelegentlich nachtrug, was die anderen mehr hatten, wo er eben dazu Raum fand, am Schlusse also des betreffenden Abschnittes, oder auch am unbeschriebenen Rande oder Fusse seiner Abschrift, von wo aus dann der Nachtrag leicht an eine völlig unpassende Stelle zu stehen kommen konnte. Andererseits wäre aber auch denkbar, dass der Mann, unzufrieden mit der von ihm vorgefundenen Anordnung des Rechtsstoffes, diese seinerseits umzugestalten unternommen hätte; sei es nun dass er dabei früher vorhandene geschlossene Abschnitte zerlegte, um deren Stücke anderswo einzureihen, oder dass er umgekehrt Bestimmungen, die er an verschiedenen Stellen seiner Vorlage zerstreut fand, sammelte um sie zu einem neuen Abschnitte zu vereinigen, oder dass er auch nur Bestimmungen aus dem einen der vorgefundenen Abschnitte in den anderen hinüberzustellen vorhatte, immer mochte sich ihm eine Reihe von Sätzen ergeben, welche er vorläufig anderwärts nicht unterzubringen wusste, und welche er doch auch um der beabsichtigten Vollständigkeit willen nicht weglassen zu dürfen glaubte, — Trümmer also einer aufgelösten, oder Bausteine zu einer neu zu schaffenden Ordnung, welche einstweilen da oder dort eingestellt werden mussten, ohne dass viel darauf geachtet werden konnte, wie sich dieselben in den Zusammenhang schicken wollten, in welchem zu verbleiben sie doch nicht bestimmt waren. Im einen wie im anderen Falle wird man freilich zugeben müssen, dass unser Haupttext so wie er liegt unmöglich ein unmittelbares Erzeugniss der Gesetzgebung sein könne; allein dieses Zugeständniss wird man überhaupt nicht verweigern können, wenn man die eigenthümliche Zusammensetzung dieses Textes auf der einen, und die vielfältigen Abweichungen auf der anderen Seite erwägt, welche zwischen den verschiedenen gleichzeitig umlaufenden Recensionen des Rechtsbuches nachweisbar bestanden. Eine eingehendere Prüfung der einzelnen hieher gehörigen Stellen dürfte wohl zu dem Ergebnisse führen, dass von den beiden soeben als denkbar bezeichneten Motive allein oder doch sehr vorzugsweise das zuerst genannte wirksam war, und es ist theils die Vergleichung der in den übrigen norwegischen Rechten befolgten Anordnung, welche hiefür nützliche Fingerzeige an die Hand giebt, theils aber auch die sorgfältigere Durchmusterung der verschiedenen Theile unserer GpL. selbst. Auffällig ist zunächst, dass unter den isolirt auftretenden Stellen eine nicht geringe Anzahl processualischen Inhalts ist. Von den beiden in die Leysíngslög eingeschalteten Stücken ist das erste und grössere in der Járnsíða sowohl als in den Landslög im Kaupabálke zu finden[1]), während das zweite allerdings in der späteren Legislation nicht mehr widerkehrt; indessen ist dessen Beseitigung, wie es scheint,

---

1) GþL. §. 59, vgl. mit Járnsíða, Kaupab. §. 2, und Landsl. §. 2. Der Anfang der Stelle steht freilich auch im þingfarb. §. 4 der Landsl., aber eben nur der Anfang, und selbst dieser nicht in der Járnsíða.

nur in Folge einer Umgestaltung der betreffenden Rechtsgrundsätze selbst erfolgt[1]), und jedenfalls schliesst sich dasselbe so eng an das unmittelbar vorhergehende an, dass der für dieses gezogene Schluss auch für jenes gelten muss. Was ferner die am Schlusse des Landsleigubálks eingereihte Stelle betrifft, so trägt auch hier wider das drontheimer Recht die einschlägige Materie im Kaufrechte vor[2]), und wenn in der Júrusíða sowohl als den Landslög entsprechende Bestimmungen nicht mehr, oder doch nur noch sehr theilweise und an ganz anderem Orte sich finden[3]), so ist der Grund hievon nur in legislativen Neuerungen zu suchen, wie sich diess schlagend daraus erweist, dass das neuere Stadtrecht, welches dem älteren Processrechte in diesem Punkte treuer geblieben ist, die betreffenden Bestimmungen ebenfalls wider im Vertragsrechte abhandelt[4]). Berücksichtigt man nun, dass auch unsere GþL. selbst in ihrem Kaupabálke sehr einlässlich das gerichtliche Verfahren in Schuldsachen behandeln, so wird kaum einem Zweifel unterliegen können, dass die Meinung unseres Schreibers die gewesen sein muss, auch die in §. 59, 60, und 102 enthaltenen Bestimmungen demselben Abschnitte zuzuweisen, und dass er dieselben demnach nur darum erst an jenen späteren und durchaus unpassenden Orten eingestellt haben kann, weil er dieselben in anderen Recensionen als der von ihm zu Grunde gelegten erst nachträglich fand, mochten sie nun in diesen ebenfalls im Kaufrechte oder aber in irgend einem anderen Abschnitte gestanden haben. Das in unserem Rechtsbuche „um þingsboð" überschriebene Stück ferner ist im Landsleigub. des gemeinen Landrechts widerzufinden, während das drontheimer Recht die gleiche Materie im Christenrechte behandelt[5]); die reale Natur der Verpflichtung, die Dingladung zu tragen, gab dort den bestimmenden Gesichtspunkt ab, hier dagegen die gleichmässige Behandlung der Dingladung mit der Kreuzesladung zur Kirche. Die in

---

1) GþL. §. 60, vgl mit FrþL., XIII, §. 24—25.
2) GþL. §. 102, vgl mit FrþL., X, §. 26—27.
3) Landsl. þingfarab. §. 9.
4) Kaupab. §. 12—13, und 21—23; vgl. bezüglich der Veränderungen in der betreffenden Gesetzgebung Fr. Brandt, Próveforelæsninger, S. 86, und Forelæsninger over den norske Retshistorie, I, S. 114—16.
5) GþL. § 131; vgl. Landsl. Landsleigub. § 56, und FrþL. II, §. 23. Die Járnsíða kann zufolge der eigenthümlichen Zustände Islands eine ähliche Bestimmung nicht enthalten.

unserem Rechtsbuche sofort sich anschliessenden Bestimmungen über die mit verstärkter Hand zu schwörenden Eide, dann über die Art der Eidesabnahme sodann sind im drontheimer Rechte theils in den þjófabálk, theils aber auch in die Mannhelgi eingestellt[1]), und auch in den späteren Gesetzbüchern sind sie im Diebsrechte zu finden, soweit sie nicht völlig aus denselben verschwunden sind[2]). Man sieht, hier wie dort handelt es sich um Bestimmungen, welche keine recht feste Stätte im Systeme hatten, und haben konnten, weil dieses keinen specifisch processualischen Abschnitt hatte, und somit die processualischen Bestimmungen mehr oder minder willkürlich da einschalten musste, wo sich gerade ein äusserer Anlass dafür zu bieten schien; gerade bei derartigen Bestimmungen konnte es der Natur der Sache nach am Leichtesten vorkommen, dass die verschiedenen von dem Schreiber des Codex Ranzovianus benützten Recensionen von einander abwichen, oder dass er selbst an der vorgefundenen Ordnung zu ändern sich entschloss; selbst die Möglichkeit ist nicht ausgeschlossen, dass er etwa einen besonderen processualischen Abschnitt zu bilden vorgehabt, oder umgekehrt einen solchen vorgefunden und erst seinerseits auseinandergerissen hätte, obwohl allerdings der Umstand einer solchen Vermuthung nicht günstig ist, dass der in den späteren Gesetzbüchern, und auch bereits im drontheimer Rechte eingestellte þingfarab., welcher am Ersten geeignet gewesen wäre einem derartigen Bedürfnisse abzuhelfen, die betreffenden Materien nicht in sich aufgenommen hat. Änliche Ergebnisse wie die bisherigen liefert aber auch die Untersuchung der strafrechtlichen Bestimmungen, welche in unserem Codex isolirt auftreten. Einige von ihnen, welche von der Verläumdung und gewissen Arten von Injurien handeln, finden sich nicht nur im drontheimer Rechte und den späteren Gesetzbüchern in die Mannhelgi eingestellt[3]), sondern es wird auch in den GþL. selbst hinterher einiges hieher Gehörige in demselben Abschnitte nochmals berührt[4]);

---

1) GþL. §. 152—96; FrþL. IV, §. 6, und XV.
2) Járns. þjófab. §. 9—11; Landsl. §. 13—15.
3) GþL. §. 137—8; FrþL. V, §. 21 u. fgg, wo sich indessen zufolge einer Lücke im Texte die Bestimmungen z. Th. nur aus dem Inhaltsverzeichnisse errathen lassen; ferner Járns. Mannhelgi, §. 25—26; Landsl. §. 24—25.
4) GþL. §. 196.

beachtet man nun dass in den FrþL. gelegentlich der in das Vertragsrecht eingestellten processualischen Bestimmungen ebenfalls einschlägige Vorschriften sich eingestellt zeigen[1]), so wird es nicht schwer halten, über die hier massgebenden Momente ins Klare zu kommen. Offenbar hatte unser Schreiber in einer der von ihm benützten Recensionen die Bestimmungen im Kaupab. vorgefunden, dort aber unberücksichtigt gelassen, sei es nun weil sie in seiner Hauptvorlage nicht enthalten und ihm demnach erst später bekannt geworden waren, oder auch weil er sie aus dem Vertragsrechte als dahin nicht gehörig entfernt wissen wollte; dass er dieselben dann da einstellte, wo es geschehen, und nicht in die Mannhelgi verwies, kann durch so mancherlei Zufälligkeiten veranlasst gewesen sein, dass es sich nicht der Mühe verlohnt hierüber eine Vermuthung auszusprechen. Ganz dieselbe Erscheinung widerholt sich bei ein paar anderen Bestimmungen, welche von dem verbotenen Geschäftsverkehre mit einem friedlosen Manne, dann von strafbaren Eingriffen der kgl. Beamten in das Vermögen der Unterthanen handeln. In den späteren Gesetzbüchern finden sie sich in den Kaupab. eingereiht, und auch das drontheimer Recht bespricht in diesem Abschnitte gelegentlich wenigstens die Übergriffe der kgl. Beamten[2]); allein beiderlei Bestimmungen konnten auch noch an einem ganz anderen Orte, in der Mannhelgi nämlich, zur Sprache gebracht werden, und wirklich findet man sie nicht nur in den FrþL. in diesem Abschnitte besprochen[3]), sondern auch die GþL. selbst enthalten in diesem mehrfache nahe verwandte Vorschriften[4]), sodass also auch für diesen Fall wider ganz die obige Argumentation Platz greift. In gleicher Weise konnte ferner auch eine das „handrán" betreffende Stelle recht wohl an verschiedenen Orten des Rechtsbuches ihren Platz finden, und ist wirklich eine einschlägige Bestimmung in den GþL. selbst, und ihnen folgend in den LL., im Landleigubálkr untergebracht[5]); eine weitere Stelle aber, welche vom

---

1) FrþL. X, §. 35.
2) GþL. §. 140—2; Járns. Kaupab., §. 10, in fin. und §. 1; Landsl. §. 13 und §. 1; vgl. FrþL. X, §. 33.
3) FrþL. IV, §. 41, dann §. 50—52.
4) GþL. §. 153 und 202, dann §. 213.
5) GþL. §. 143; vgl. §. 90 und Landsl. Landsleigub. §. 43.

vápnaspell, d. h. der absichtlichen Beschädigung fremder Waffen handelt[1]), konnte an und für sich ebensowohl unter den Gesichtspunkt des Schadensersatzes als unter den der Bestrafung gebracht, und somit in den Kaupab. ebensowohl als in die Mannhelgi eingereiht werden, in welchem letzteren Abschnitte die meisten strafrechtlichen Satzungen ihre Stelle fanden, da aber weder unser Rechtsbuch selbst noch irgend eine andere Quelle, soviel mir bekannt, eine Parallele bietet, lässt sich höchstens vermuthen, dass die Bestimmung etwa aus irgend einer der nebenbei benützten Recensionen des Kaupabálks stammen könnte. Einige Bestimmungen über die Haftung beim Leihvertrage und beim Pfandvertrage passen ganz gut zu einigen Vorschriften, welche die GþL. selbst, z. Th. mit ganz änlichen Worten, schon zuvor im Kaupabálke gebracht hatten, und welche auch in den späteren Gesetzbüchern in diesem Abschnitte ihre Stelle gefunden haben[2]); ein paar Vorschriften ferner über die Tragung des Schadens, welcher durch Ansegelung entsteht, dann über die Schiffsmiethe, kehren in diesen letzteren in dem gleichen Abschnitte wider[3]), und hier wie dort wird es sich demnach wohl nur um Nachträge zum Kaupab. handeln, welche einer anderen als der zunächst abgeschriebenen Recension desselben entnommen waren. Dasselbe möchte ich aber auch bezüglich einer weiteren Stelle annemen, welche über die Behandlung gefundener Sachen spricht; sie findet ihre Parallele in dem þjófabálke der Landslög, und mehr noch der Jónsbók[4]), könnte aber recht wohl auch in irgend einer Recension des Kaupabálkes gestanden, und von da aus an ihren dermaligen Platz gelangt sein. Belehrender ist wider der §. 145 unseres Rechtsbuches. Im Kaupab. der Landslög knüpft sich unmittelbar an die oben erwähnte Bestimmung über die Ansegelung eine Bemerkung über den Anspruch des Königs auf alles Strandgut, welches an den Almenden antreibt, und an diese wider die Regel, dass die Mannschaft eines strandenden Schiffes alles Gut in Anspruch nemen dürfe, zu dem sich jeder Einzelne mit Zeugen zu ziehen

---

1) GþL. §. 139.
2) GþL. §. 144; vgl §. 49 und 50, sowie Járns. Kaupab. §. 16—17, und Landsl, §. 19—20.
3) GþL. §. 144 and 146; Járns. §. 20—21, in fin., und Landsl §. 24 and 26.
4) GþL. §. 141; vgl Landsl þjófab., §. 12, und Jónsbók, §. 14.

vermöge, worauf dann eine weitere Bestimmung über des Königs Recht auf alles Wrackgut folgt[1]). Während nun die Bestimmung über die Aussegelung den §. 144 unserer GþL. schliesst, findet sich die Bemerkung über des Königs Anspruch auf das Strandgut sammt Allem was sich an dieselbe anschliesst, in der zweiten Hälfte von §. 145, und zwar beiderseits mit ganz gleichlautenden Worten; die erste Hälfte dieses §. aber füllt eine Reihe von Bestimmungen über Almenden und deren Benützung, welche somit mitten zwischen jene in den LL. unmittelbar zusammenhängende Satzungen hineingeschoben sind, und in den LL. sich überhaupt nicht findet, indem diese ihre einschlägigen Bestimmungen aus dem drontheimer Rechte, nicht aus dem des Gulaþinges, entlehnt haben[2]). Es lässt sich kaum bezweifeln, dass auch hier wider aus einer Recension des Kaupab. geschöpft wurde, welche von der im Codex Ranzovianus zunächst zu Grunde gelegten abwich, und welche änlich wie die von den Landslög für diesen Abschnitt benützte Recension das Seerecht ungleich ausführlicher behandelt haben musste; auch hier also erklärt sich das isolirte Auftreten der betreffenden Bestimmungen wider aus dem Bestreben, möglichst vollständig alles Material zusammenzustellen, welches etwa die eine Hs. des Rechtsbuches vor den anderen voraushaben mochte. Eine Bestimmung hinwiderum über den Schaden, welchen Thiere anrichten, findet in der Mannhelgi der GþL. selbst ihre Parallelen, wiewohl freilich da und dort die Vorschriften keineswegs vollkommen übereinstimmen, und auch das drontheimer Recht, sowie das gemeine Landrecht bespricht den Gegenstand in diesem letzteren Abschnitte[3]); offenbar aber war in irgend einer Recension von demselben im Vertragsrechte, oder wahrscheinlicher noch im Grundgüterrechte gesprochen worden, also gelegentlich irgend welcher Erwähnung der für die bäuerliche Wirthschaft bedeutsamen Hausthiere, und war von hier aus unter jenes Convolut von isolirten Bestimmungen auch diese gerathen. Etwas anders könnte es dagegen bezüglich jener Vorschriften über die Behandlung der Walfische stehen, welche in §. 149—50 der GþL. am

---

1) Landsl. Kaupab. §. 26.
2) Landsl. Landsleigub. §. 61—2; vgl. FrþL. XIV, §. 7—8.
3) GþL. §. 147; vgl. §. 165 und 217, dann FrþL. V, §. 16—18, und Landsl. Mannb., §. 22.

Schlusse ebendieses Convolutes sich finden. Sowohl im drontheimer Rechte als im gemeinen Landrechte finden sich Bestimmungen über die Walfische in den Landsleigubálk eingestellt[1]), nur freilich im ersteren ziemlich dürftige, während die des letzteren wesentlich auf unsere Stelle gebaut scheinen; es lässt sich auch nicht verkennen, dass auch in unserem Rechtsbuche jener Abschnitt für derartige Vorschriften eine ganz wohl passende Stelle bot, soferne in demselben ja ebenfalls von Jagd und Fischerei gehandelt[2]) wird. Andererseits konnte sich indessen doch auch eine gesonderte Behandlung des Gegenstandes, oder auch dessen Behandlung im Anschlusse an die Lehre vom Strandrechte empfehlen, in der Art etwa, wie die Jónsbók wirklich einen eigenen Rekabálk ihrem Landsleigubálke folgen lässt, welcher freilich in ihrem Prologe nicht als ein gesondertes Buch aufgeführt wird, und bereits die Rechtsbücher des isländischen Freistaates denselben Weg gehen[3]). Die Überschrift: „Hèr hefr hvalrètti" lässt jedenfalls darauf schliessen, dass den beiden §. §. eine gewisse Einheit und Selbstständigkeit beigelegt werden wollte; da indessen in den Landslög neben einzelnen absichtlichen Umgestaltungen ihres Inhaltes nur noch einige wenige Sätze sich finden, welche diesem fehlen, und somit nicht anzunemen ist, dass durch das Abbrechen der Hs. im Codex Ranzovianus die Behandlung des Gegenstandes irgendwie erheblich verkürzt worden sei, will mir immerhin wahrscheinlicher vorkommen, dass es sich auch hier nur um einen längeren Zusatz handle, den eine nebenbei benützte Recension der GþL. ihrem Landsleigubálke hatte folgen lassen.

Schon das Bisherige wird genügen, um für unseren Codex Ranzovianus wenigstens klar zu machen, dass der in demselben enthaltene Text nur als eine Compilation aus älteren Materialien betrachtet werden darf, und dass derselbe unmöglich auf officiellem Wege, sondern nur durch die Thätigkeit eines Privaten zu Stande gekommen sein kann. Manche Umstände liessen sich noch anführen, welche, an sich sehr unscheinbarer Art, doch ganz geeignet scheinen dieses Ergebniss des

---

1) FrþL. XIV, §. 10; Landslög, Landsleignb., §. 64.
2) GþL. §. 93—95.
3) Ob auch die Járnsíða, lässt sich wegen der grossen Lücke nicht erkennen, die sich in ihrem Landsleigub. findet.

Weiteren zu bestätigen. Die Sprachformen zunächst unseres Textes sind zwar regelmässig die des 13ten Jahrhunderts; an einigen wenigen Stellen finden sich indessen Formen eines unverkennbar weit höheren Alters vor, wie denn z. B. zweimal die Formel „at uppvesande solo" widerkehrt[1]), welche keiner späteren Zeit als dem 12ten Jahrhunderte angehören konnte, und welche somit als ein vereinzelt stehen gebliebener Überrest einer in älteren Sprachformen geschriebenen Vorlage unseres Compilators betrachtet werden muss. Es kommt ferner gelegentlich auch wohl einmal vor, dass dieser selber darauf aufmerksam wird, wie wenig seine Vorlage der zu seiner Zeit üblichen Ausdrucksweise entspreche, und dass er diese seine Beobachtung durch ein paar von ihm selbst eingeschobene Worte dem Leser zum Besten giebt[2]). U. dgl. m. Ich will von diesen Nebenpunkten indessen hier absehen, und sofort auf die ungleich augenfälligere und zugleich bedeutsamere Thatsache übergehen, dass unser Haupttext sogar in mehreren seiner Hauptbestandtheile ganz unzweifelhaft aus einer recht wunderlichen gleichzeitigen Benützung mindestens zweier, vielfach verschiedener Vorlagen hervorgegangen ist, und dass dieselbe Erscheinung sich überdiess auch noch bei einer Reihe unserer Hsfragmente widerholt. An einer langen Reihe von Stellen werden nämlich in unseren Texten Bestimmungen neben einander angeführt, welche unter sich im offensten Widerspruche stehen, und von denen dann die eine mit dem Namen Ólafs, die andere mit dem Namen Magnús bezeichnet wird; andere Male finden sich wider Sätze aufgenommen, welche dem Einen von Beiden, oder welche umgekehrt Beiden zugeschrieben werden. Dass beide Namen nur auf Könige bezogen werden dürfen, ist klar; aber nirgends wird uns ausdrücklich gesagt, welcher unter den verschiedenen Königen beider Namen gemeint seien, und lässt sich mit Bestimmtheit nur soviel erkennen, das Ólaf der ältere und Magnús der jüngere von ihnen gewesen sein müsse. Man hat sich bisher bereits vielfältig mit der Frage beschäftigt, wie das damit auf-

---

1) GþL. §. 3 und §. 266; der sogenannte KrR. Sverris, §. 2 hat an der ersteren Stelle bereits geändert: at uppkomande solo.

2) z. B. GþL. §. 109: Sú er hin 16 (erfð), er heiter branderfð, ef maðr tekr mann á bond sèr, at ljúfu ok at leiðu, ok fœðer hann til branns ok til bála; kveðr at forno mále.

gegebene Räthsel zu lösen sei; ich glaube indessen, ehe ich mich zu einem eigenen Lösungsversuche anschicke, erst noch der Feststellung des Verhältnisses mein Augenmerk zuwenden zu sollen, in welchem die den beiden Königen zugeschriebenen Bestimmungen zu einander stehen.

— Prüft man aber zunächst in dieser Richtung die einschlägigen Stellen unseres Rechtsbuches, so dürfte sich vor Allem soviel mit voller Bestimmtheit ergeben, dass es sich an denselben nicht etwa blos um den Gegensatz eines älteren Grundtextes und einzelner späterer Novellen handle, sondern um den Gegensatz zweier verschiedener Redactionen sei es nun des gesammten Rechtsbuches oder doch ganzer Abschnitte desselben, von denen dann, gleichviel vorläufig ob mit oder ohne Grund, die ältere auf einen K. Ólaf, die jüngere aber auf einen K. Magnús zurückgeführt wird. Schon die Art, wie im Codex Ranzovianus selbst die Abweichungen der beiden Legislationen von einander sich gegenübergestellt werden, weist ganz unverkennbar auf diesen Sachverhalt hin; noch weit augenscheinlicher tritt derselbe aber hervor, wenn man den Text dieser unserer Haupths. mit dem der oben besprochenen Fragmente zusammenhält. Das Fragment D. freilich gewährt in dieser Richtung keine Ausbeute, soferne dasselbe keine einzige Stelle enthält, in welcher der eine oder andere Königsname genannt würde. Das Fragment B. ferner, obwohl für unsere Frage nicht ohne Bedeutung, wirft doch für dieselbe ebenfalls keine vollkommen gesicherten Ergebnisse ab. Allerdings enthält diese Hs., so sehr sie auch im Übrigen dem Texte A. folgt, doch in der Angabe der Königsnamen manche Abweichungen von demselben[1]); allein diese mögen z. Th. nur auf eine gewisse Bequemlichkeit des Abschreibers zurückzuführen sein, welcher gelegentlich einmal das dem einen oder anderen Könige Zugehörige wegliess[2]), oder

---

1) Ich habe mir folgende notirt:
  S. 6, Anm. 3;
  S 12, Anm. 2, 3, 8 und 10;
  S 14, Anm. 2, 3, 4, 6, 7, 8, 9, 11 und 12;
  S. 15, Anm. 1, 2, 3, 4, 8, 9, 13, 16 und 17;
  S. 16, Anm. 1, 2, 4 und 7;
  S. 17, Anm. 1, 9 und 11.
2) So G>L §. 6, S. C, Anm 3.

eine Überschrift wie: „Magnús tók ór sumt", oder: Báðir mæltu þetta", u. dgl. m. für genügend haltend, die Anführung des jedem der beiden Könige Angehörigen im Einzelnen sich ersparte[1]), oder selbst ohne solchen Anhaltspunkt die Ausscheidung des einem jeden von ihnen Zuzuweisenden beseitigte, wo ihm solche weniger wichtig[2]), oder auch weniger sicher erschien[3]), und wenn sie zwar in anderen Fällen auf einer ernsthafteren Überlegung des Schreibers zu beruhen scheinen, wie diess zumal bei der consequenten Beseitigung der Namen und alles Dessen, was mit diesen zusammenhängt, in §. 23 der Fall sein dürfte[4]), so lässt sich doch auch in solchen Fällen über Grund und Beschaffenheit seiner Bedenken nicht mit Sicherheit ins Klare kommen. Möglich, dass der Schreiber von B. neben seiner unserem Haupttexte änlichen Vorlage noch eine weitere Recension unseres Rechtsbuches vor sich hatte, und dass er aus dieser hin und wider jene erstere emendirte, wie denn der Schreiber von A. auch seinerseits mehrfache, in den Königsnamen nicht völlig unter sich übereinstimmende Hss. benützt haben muss, da er einmal ein Citat „M. (O)" bringt[5]), was denn doch voraussetzt, dass er in der einen Hs. den Magnús angeführt fand, wo die andere den Ólaf nannte; möglich auch, dass er ohne solche Stützpunkte den in seiner Vorlage vorgefundenen Text hin und wider nach eigenem Gutbefinden zu emendiren sich erlaubte: erhebliche Schlüsse wird man jedenfalls weder unter der einen noch unter der anderen Voraussetzung für die hier zu beantwortende Frage ziehen können. Weiter führt uns dagegen die Vergleichung des Fragmentes E. In einer dem Eherechte entnommenen Stelle zwar stimmt dieses hinsichtlich der Königsnamen mit A. vollkommen überein[6]); um so eigenthümlichere Abweichungen bietet dasselbe aber im Christenrechte. An einer Stelle desselben enthält E.

---

1) ebenda, §. 21, S. 12, Anm. 2, 3, 8 und 10; §. 24, S. 15, Anm. 8, 9, 13, 16 und 17; dann S. 16, Anm. 1, 2, 4 und 7.
2) ebenda, §. 23, S. 17, Anm. 9 und 11; doch fehlt das „Báðir" der letzteren Stelle auch in F, während das „Magnús" nicht mehr in das Bereich des Fragmentes fällt.
3) ebenda, §. 27, S 17, Anm. 1.
4) S. 14, Anm. 2, 3, 4, 6, 7, 8, 9, 11 und 12, dann S. 15, Anm. 1—4.
5) §. 27, S. 17, Anm. 1.
6) O þ L. §. 54—55; dass das letzte „Báðir" in E. seine Stelle mitten im Satze, statt wie in A. an dessen Anfang gefunden hat, ist wohl gleichgültig.

einen sehr alterthümlichen, auf die Zauberei bezüglichen Zusatz, welcher weder in A. noch in B. zu finden ist, dagegen im sogenannten Christenrechte K. Sverrir's widerkehrt, einer Compilation, welche ich der zweiten Hälfte des 13. Jahrhunderts zuweisen zu müssen glaube[1]), während zugleich ein in A. stehendes, in B. aber fehlendes „Báðir" auch hier fehlt. Eine weitere Stelle enthält ferner einen eben solchen, auf heidnischen Götzendienst sich beziehenden Zusatz, welcher ebenfalls wider nur in Sverrir's Christenrecht sich findet[2]), diessmal jedoch mit dem Unterschiede, dass dem Übertreter des Gebotes in dieser Compilation der Verlust seines ganzen Vermögens in Aussicht gestellt ist, während ihn E. nur mit einer Busse von 3 Mark bedroht. Erinnert man sich dabei, dass K. Magnús nach einer anderen Stelle unseres Rechtsbuches eine Reihe von Fällen „at úbótamáli" gemacht haben soll, welche K. Ólafr nur „at 3 marka máli" gemacht hatte[3]), so ist klar, dass an jenem Orte E. eine ältere, dagegen die Sverrir's Namen tragende Compilation eine jüngere Redaction der gleichen Bestimmung vor Augen hatte. Wider an einer anderen Stelle endlich, welche das Verbrechen der Bestialität bespricht[4]), zeigt E. nicht nur vor dem Worte „gelda" ein „M.", welches in A. fehlt, aber durch den Zusammenhang gefordert wird, indem das hier wie dort gleichmässig nachfolgende „Báðir" ausserdem keinen Sinn giebt, sondern es setzt auch E., in welchem das nächstfolgende „M." und „Báðir" ganz ebenso wie in A. widerkehrt, vor „settareið" ein „M." und nach diesem Worte ein „Ól. lýrittareið" in den Text, worauf dann wider „Báðir" in beiden Hss. gleichmässig folgt, während doch diese Notiz auch hier wider nur in E. ihren richtigen Sinn hat; ausserdem aber hat E. auch hier wider einen längeren Zusatz, „Ól. En hann skal tvá menn — — kunni byggja. Báðir", welcher aber diessmal nicht nur in A., sondern auch in dem Christenrechte Sverrirs fehlt. Wir haben hiernach in diesem Bruchstücke unverkennbar ebenfalls wider eine Com-

---

1) GþL. §. 28; vgl. Sverris KrR. §. 98. Über das Alter der Compilation vgl. meine Erörterung bei Bartsch, Germanistische Studien, I, S. 57—76.
2) GþL. §. 29; Sverris KrR. §. 79.
3) GþL. §. 22.
4) GþL. § 30; Sverris KrR. §. 60.

pilation zu erkennen, welche aus denselben beiden Redactionen unseres Rechtsbuches geschöpft ist, welche auch für die Herstellung des Codex Ranzovianus benützt wurden; aber diese in E. vorliegende Compilation ist eine durchaus selbstständige Arbeit, soferne sie aus den benützten Redactionen hin und wider Stücke aufnam, welche unser Haupttext bei Seite liess, oder auch Citate einstellte, welche dieser nicht berücksichtigte, und umgekehrt. Vergleicht man aber endlich auch noch die Fragmente C., so ergiebt sich, dass in ihnen nicht nur jede Bezugname auf den einen oder den anderen König, oder auf beide, völlig fehlt, sondern dass auch von einer anderwärts auf K. Magnús zurückgeführten Bestimmung, der einzigen welche in das Bereich dieser Fragmente fallen würde, in ihnen keine Spur zu finden ist[1]), und dass überdiess an einer weiteren Stelle, an welcher A. und B. ganz gleichmässig der Redaction des K. Magnús folgen, in C. vielmehr die Redaction des K. Ólafs sich festgehalten zeigt, wie sich mit voller Sicherheit daraus ergiebt, dass dort von „ubóta mál", hier aber nur von „3 marka mál" gesprochen wird[2]). Augenscheinlich ist uns hiernach in diesen Fragmenten ein unvermischter Überrest der einen von den beiden unserem Haupttexte sowohl als den Texten B und E. zu Grunde liegenden Redactionen aufbewahrt, und zwar ein Überrest derjenigen Redaction, welche K. Ólafs Namen trägt. Leider sind aber gerade diese Fragmente so geringen Umfanges, dass sich aus ihnen von dem Aussehen dieser Textesgestaltung ein auch nur einigermassen genügendes Bild nicht gewinnen lässt. Auf das sogenannte Christenrecht K. Sverrir's, von welchem man etwa noch Auskunft erwarten könnte, näher einzugehen unterlasse ich, da dasselbe zwar aus beiden Redactionen neben einander schöpft, aber jeder Angabe von Königsnamen sich enthält, und somit völlig sichere Schlüsse aus dessen Textesgestaltung für sich allein zu ziehen unmöglich ist.

Man sieht, die Untersuchung des Verhältnisses, in welchem die den Königen Olaf und Magnús in unseren Texten zugeschriebenen Bestimmungen zu einander standen, bestätigt zunächst in schlagendster Weise

---

1) GþL. § 21: „M. En ef vatni — — karlmanni né. Báðir".
2) ebenda, §. 22.

die bereits auf anderen Wegen gewonnene Überzeugung, dass unser Haupttext, und dasselbe muss auch von den Texten B. und E. gelten, lediglich eine Privatarbeit sei, und nur als eine Compilation aus verschiedenen, älteren Materialien aufgefasst werden dürfe. Die höchst doctrinäre Art, wie jene Texte, von allen anderen Zuthaten abgesehen, aus zwei verschiedenen Redactionen eines und desselben Rechtsbuches zusammengesetzt sind, bei deren Verschmelzung zu einem nothdürftigen Ganzen die verschiedenen Bearbeiter noch überdiess ihre durchaus verschiedenen Wege giengen, kann über diese Entstehungsart unserer Texte nicht den mindesten Zweifel lassen, wie sich dieselbe denn auch bis in die geringfügigsten Kleinigkeiten herab in diesen ausspricht[1]); eben damit erwächst aber auch für uns sofort die doppelte Aufgabe, festzustellen, wann die einzelnen, uns ganz oder theilweise erhaltenen Compilationen als solche entstanden seien, und welches die Entstehungszeit nicht nur, sondern auch die Entstehungsweise der zu ihrer Herstellung verwendeten Materialien, und zumal der dabei gebrauchten beiden älteren Redactionen des Rechtsbuches gewesen sei.

Die erste dieser beiden Fragen ist leicht genug zu erledigen. Da der Codex Ranzovianus nicht nur in seinem Christenrechte das Thronfolgegesetz von 1164 benützt zeigt, sondern auch an seinem Schlusse die Wergeldstafel des Bjarni Marðarson enthält, welche nach Allem was wir über die Lebenszeit des Mannes wissen kaum vor dem Anfange des 13. Jahrhunderts entstanden sein kann, und da andererseits die Hs. selbst bereits vor der Mitte desselben Jahrhunderts geschrieben ist, darf die Entstehung dieser Compilation wenigstens mit voller Sicherheit der ersten Hälfte dieses Jahrhunderts zugewiesen werden, womit denn auch die Sprachformen derselben vollkommen in Einklang stehen, soweit nicht ganz vereinzelt Überreste älterer Formen aus den benützten Materialien in sie herübergekommen sind. Da die Fragmente B. und D. wesentlich mit A. übereinstimmen, und auch in ihren Schriftzügen kein höheres Alter verrathen, dürfte die Frage nach der Entstehungszeit ihres Textes damit ebenfalls bereits erledigt sein, wogegen jene selbstständige Com-

---

1) vgl. z. B. ObL. §. 37, wo sich der Compilator von A. durch ein „usque" die Mühe des nochmaligen Abschreibens einer vorher bereits aufgenommenen Stelle ersparte.

pilation, von welcher in Fragment E. ein Überrest uns erhalten ist, mit Rücksicht auf das Alter der Hs. etwas früher angesetzt werden muss, ohne dass sich bei dem geringen Umfange des Erhaltenen feststellen liesse, um wieviel früher. Bezüglich der Fragmente C. aber kann die ganze Frage nicht auftauchen, soferne dieselben ja überhaupt nicht von einer Compilation, sondern von einer ungemischten Ólaf'schen Redaction herzurühren scheinen.

Um so schwerer ist dagegen die zweite Frage zu erledigen. Bezüglich ihrer muss es sich der Natur der Sache nach vor Allem darum handeln, festzustellen, welcher Ólaf und welcher Magnús es sei, auf welchen sich jene oft widerkehrenden Citate beziehen; gerade über diesen Punkt sind aber bisher die verschiedenartigsten Meinungen ausgesprochen worden. *Hans Paus* berichtet (1751)[1]), dass man darüber streite, ob unter Ólaf der heilige Ólafr oder Ólafr kyrri gemeint sei, wogegen man unter Magnús den Magnús Erlingsson verstehe. Er meint, für den heil. Ólaf spreche, dass seine gesetzgeberische Thätigkeit geschichtlich bezeugt sei, und wenn man für Ólaf kyrri geltend mache, dass die Geschichtswerke auf ihn die Stiftung der Gilden zurückführen, deren doch unser Rechtsbuch widerholt Erwähnung thue, so lasse sich darauf erwidern, dass man ja auch bereits vom heil. Ólaf ein Gildstatut habe; letzteres freilich ein Argument, welches auf einem wunderlichen Misverständnisse beruht, soferne die von Thomas Bartholin in seinen „Antiquitates Danicæ" angeführte und von Paus in Bezug genommene „Lex convivii Scti Olavi" nicht ein von dem heil. Ólaf erlassenes, sondern ein Statut einer zu Ehren des heil. Ólafs errichteten Gilde ist, wie deren mehrere erhalten, und z. Th. auch gedruckt sind[2]). *Holberg*, oder vielmehr Jón Eiríksson bei ihm, (1762)[3]), bezieht beide Namen auf den heil. Ólaf und den guten Magnús, indem er meint in unseren GþL. des letzteren Grágás erkennen zu können; letzteres freilich ein entschiedener Irrthum, da diese für Drontheim und nicht für das Gulaþíng bestimmt

---

1) Samling of gamle norske Love, I, S. 5, Anm. a. und b.
2) vgl. Bartholin, ang. O., l. cap. 6, S. 135; ferner Lange, De norske Klostres Historie, S. 262—5 (ed. 2).
3) Danmarks og Norges geistlige og verdslige Stat, S. 482, und 485—7, (ed. 3).

gewesen sein soll. *Jón Ólafsson* hält dafür (1770)[1]), dass das Rechtsbuch von dem heil. Ólaf verfasst, aber von K. Ólafr kyrri sowohl als von K. Magnús Erlíngsson verbessert worden sei; da er alle diese Angaben aus dem Texte des Rechtsbuches selbst gefolgert wissen will, scheint er somit auf die beiden zuletzt genannten Könige die öfter angeführten Namen, auf den heil. Ólaf hingegen nur dessen ausdrückliche Erwähnung gelegentlich des ein paar Mal besprochenen Mostrarþínges beziehen zu wollen. *Kongslew* macht es sich mit der Sache noch leichter (1781), indem er sich auf die Bemerkung beschränkt[2]), man halte die genannten Könige für den heil. Ólaf und Ólaf kyrri, dann für Magnús góði und Magnús Erlíngsson. *Dahlmann*, soviel ich sehe, fasst den Magnús als Magnús góði, den Ólaf aber als Ólafr helgi (1841)[3]). *Keyser* bezieht beide Namen auf Ólaf kyrri und Magnús Erlíngsson[4]), und auch *Munch* war ursprünglich derselben Meinung gefolgt (1853), nam dieselbe aber später (1859) insoweit zurück, als er zwar an Magnús Erlíngsson festhielt, dagegen aber für Ólaf kyrri den heil. Ólaf substituirte[5]). Eine nähere Begründung und Ausführung der einen oder anderen Annahme hat aber meines Wissens bisher noch Niemand unternommen, und es wird demnach nur eine selbstständige Prüfung der Quellen darüber Aufschluss zu geben vermögen, welche unter den verschiedenen bisher verfochtenen Ansichten etwa die richtige, oder ob es etwa gar gerathen sei, statt ihrer aller eine weitere und neue Meinung aufzustellen. — Ich will zunächst versuchen, die Person des *K. Magnús* festzustellen, auf welchen die jüngere Redaction unseres Rechtsbuches hinweist, weil ich glaube dass sich in Bezug auf sie zu ziemlich gesicherten Ergebnissen gelangen lässt, während diess bezüglich der Person K. Ólafs nicht in gleichem Masse der Fall sein dürfte. Wir finden, um gleich das augenfälligste und zugleich gewichtigste Argument ins Feld zu führen, dass

---

1) In den Prolegomena zu seinem Syntagma de Baptismo.
2) Den danske og norske Private Rets förste Grunde, I, S. 120.
3) Geschichte von Dännemark, II, S. 129, Anm. 3, S. 324 und öfter. Ebenso Wilda, Strafrecht der Germanen, S. 32.
4) Kirchengeschichte, I, S. 94, 143, und öfter; Rechtsgeschichte, S. 294, und öfter.
5) Norwegische Geschichte, I, 2, S. 630, Anm. 1, und dazu die Berichtigung in IV, 2; ferner II, S. 1000.

die dem Magnús zugeschriebenen gesetzlichen Bestimmungen durchgehends die Zehntlast als zu Recht bestehend voraussetzen, wogegen die Vorschriften, welche Ólafs Namen tragen, von derselben ebenso consequent Nichts wissen. Wo demnach jene dem Bischofe seine quarta decimarum zuerkennen, gewähren ihm diese nur den Anspruch auf eine Kopfsteuer im Betrage von je einem örtugr für je 40 „Nasen", also von einer Mark für je 960 Seelen[1]); wo ferner K. Ólafr den Priester auf seine „reiða", d. h. bestimmte für seinen Unterhalt zu leistende Naturalprästationen, sowie auf Stolgebühren für die Ertheilung der letzten Ölung, die feierliche Beerdigung und die Einraümung eines Grabes auf dem Kirchhofe (oleanarkaup, líksöngskaup, legkaup) anweist, spricht K. Magnús auch ihm wider seinen Antheil am Zehnte zu[2]). Nun wissen wir mit vollster Bestimmtheit, dass die Zehntlast am Schlusse des 11. Jhdts. in Norwegen noch vollkommen unbekannt war, und dass sie erst am Anfange des 12ten daselbst eingeführt wurde; Meister Adam von Bremen klagt nämlich ausdrücklich darüber, dass noch zu seiner Zeit, also um 1075, die Leute im Norden keinen Zehnt geben wollten, und dadurch ihren Episkopat und Klerus zum Erheben von Stolgebühren zwangen, die ihm unter den Begriff der Simonie zu fallen schienen[3]), und andererseits erzählen isländische Sagenwerke ausdrücklich, dass K. Sigurðr Jórsalafari in Jerusalem, um ein Stück vom Kreuze Christi verehrt zu bekommen, neben einigem Anderen auch die Einführung des Zehnts in Norwegen feierlich angeloben musste, und dass er diesen Theil seiner Gelübde auch wirklich hielt[4]), während zugleich ein norwegisches Bischofsverzeichniss einen Bischof Simon, der in dieselbe Zeit gehören muss, als denjenigen bezeichnet, welcher zuerst den Zehnt in Norwegen einführte[5]). Das schlagende Ineinandergreifen aller dieser verschiedenen, und von einander durchaus unabhängigen Quellenzeugnisse stellt, wie man sieht, jene Thatsache schlechthin fest; eben damit ist aber auch

---

1) G҆L. § 8 und 9.
2) ebenda. §. 23.
3) Adam. Bremens., III, cap. 70, S. 368, und IV, cap. 30, S. 382.
4) Heimskr. Sigurðar s. Jórsalafara, cap. 11, S. 667, und 24, S. 680; FMS., VII, cap. 10, S. 91, und cap. 22, S. 110; Ágrip, cap. 47, S. 416—17.
5) in Lange's Norsk Tidsskrift, V, S. 41.

von selbst gegeben, dass weder K. Magnús góði († 1047), noch K. Magnús
Haraldsson († 1069) noch K. Magnús berfætti († 1103) die betreffenden
Bestimmungen erlassen haben kann, sondern nur K. Magnús blindi († 1139)
oder K. Magnús Erlíngsson (1161—84), und wird unter diesen beiden
wider nur der letztere gemeint sein können, da der erstere nur einige
wenige Jahre regierte, welche überdiess durch seine fortwährenden
Kämpfe mit K. Haraldr gilli und dessen Söhnen viel zu unruhig waren,
als dass während derselben an legislative Maassregeln von irgend erheblichem Umfange hätte gedacht werden können. Auch der sonstige Inhalt der jüngeren Redaction unseres Rechtsbuches fügt sich zu dieser
Zeitbestimmung vollkommen wohl, und kann sogar mehrfach zu deren
Bestätigung verwerthet werden. Der Festkatalog z. B. der GþL., welcher
in der uns vorliegenden Fassung auf beide Redactionen gleichmässig
zurückgeführt werden zu wollen scheint, und somit jedenfalls wenigstens
für deren spätere Beweis machen muss, erwähnt nicht nur der Hallvarðsmessa, welche doch erst nach dem Tode des Magnús góði von K.
Haraldr harðráði eingeführt worden sein konnte[1]), sondern auch der
Knútsmessa[2]); da diese zwischen die Svítunsmessa, d. h. die Depositio
Svituni (2. Juli) oder Translatio Svituni (15. Juli) und die Ólafsmessa
hin öfri, d. h. die Inventio Olavi (3. August) in die Mitte gestellt wird,
kann darunter nur entweder das Festum Scti Canuti regis (10. Juli)
oder aber die Translatio Scti Canuti ducis (25. Juli) verstanden werden,
und kann dieselbe somit, da K. Knút erst in den Jahren 1100—1101[3]),
Horzog Knút Inward aber gar erst im Jahre 1170 heilig gesprochen
wurde[4]), jedenfalls nicht vor dem Anfange des 12. Jhdts. in das Rechtsbuch eingestellt worden sein, recht wohl aber auch um ein Beträchtliches später. Widerum führt eine des Magnús Namen tragende Bestimmung einmal die Möglichkeit an, dass der Erzbischof den Bischof des
Bezirkes zu sich berufe, um sich von ihm bei der Weihe eines anderen

---

1) vgl. die Erörterung bei Munch, II, S. 196—199, woselbst man auch die quellenmässigen
Belege findet.
2) GþL. §. 18.
3) vgl. Helveg, Den danske Kirkes Historie til Reformationen, I, S. 216—220, wo man auch
die Belegstellen findet.
4) ebenda, S. 416—19.

Bischofes unterstützen zu lassen[1]). Es ist kaum denkbar, dass diese Bestimmung einer Zeit angehören sollte, in welcher Norwegen noch zur Kirchenprovinz von Lund oder gar von Bremen zählte, indem der dänische sowohl wie der deutsche Metropolit in seiner nächsten Nähe Suffragane genug besass, um solche nicht zu Zwecken einer rein formellen Assistenz aus den entfernteren norwegischen Diöcesen berufen zu müssen. Auf die Zeit nach 1152 darf hiernach diese Stelle zurückgeführt werden, und wird man hiegegen daraus keinen Einwand entlehnen dürfen, dass in dem Rechtsbuche stets nur von einem Bischofe die Rede ist, während doch seit K. Sigurð Jórsalafari's Zeiten deren zwei im Gulaþingsbezirke vorhanden waren; jene Ausdrucksweise konnte ja recht wohl aus einer älteren Redaction des Rechtsbuches in die neuere herübergewandert sein, und überdiess konnte ja auch insoferne recht wohl von dem Bischofe im Christenrechte gesprochen werden, als eben doch in jeder einzelnen Diöcese immer nur ein solcher vorhanden war. Ein anderer auf K. Magnús zurückgeführter Zusatz enthält ferner eine Vorschrift über die Nothtaufe, als deren Urheber das drontheimer Recht uns einen Erzbischof Jón nennt[2]); damit kann aber nur Jón Birgisson gemeint sein, welcher in den Jahren 1152—57 das Erzbisthum verwaltete, und auch diese Notiz führt uns somit in die zweite Hälfte des 12ten Jhdts. herunter. Desgleichen wird uns gesagt[3]), dass K. Ólafr geboten habe, jedes Jahr am Gulaþinge, und dann wider jedes Jahr in jedem einzelnen Volklande des Gulaþingsbezirkes von Gemeindewegen einen Unfreien freizulassen, wogegen K. Magnús diese Vorschrift wider beseitigt habe. Weder die Überzeugung von der Unvereinbarkeit der Sklaverei mit dem Christenthume, und ein dadurch bedingtes Streben nach deren Abschaffung[4]), noch auch die Nothwendigkeit, auf diesem Wege sich die für den Dienst der Kirche erforderliche Zahl von Klerikern zu verschaffen[5]) kann jenem Gebote Ólafs zu Grunde gelegen haben, sondern nur der Wunsch, an die Stelle der im Heidenthume üblich gewesenen Lieferung von Unfreien

---
1) GþL. §. 8.
2) GþL. §. 21; vgl. FrþL. II, §. 3.
3) GþL. §. 4—5.
4) Wie Munch, II, S. 963, und Keyser, Rechtsgeschichte, S. 294 annemen.
5) Wie Gjessing, in den Annaler for nordisk Oldkyndighed, 1862, S. 200—201, als möglich andeutet.

zum Behufe der Verrichtung von Menschenopfern an den grossen Jahresfesten ein Werk der christlichen Barmherzigkeit zu setzen[1]), wie etwa in gleichem Sinne auf Island im Jahre 1000 die christliche Parthei dem Gelübde eines Menschenopfers, durch welches die Heidenleute den Sieg in dem bevorstehenden Entscheidungskampfe sich zu sichern hofften, eine Weihung von ebensovielen Männern zu einem reinen und gottgefälligen Leben als ihre „sigrgjöf" entgegengestellt hatte[2]). Die Aufhebung aber dieser Vorschrift kann doch wohl nur in einer Zeit erfolgt sein, in welcher sich die Zahl der Unfreien im Lande bereits hinreichend verringert hatte, um die alljährliche Lieferung einer gesetzlich vorgeschriebenen Zahl von solchen unzweckmässig erscheinen zu lassen, soferne dieselbe aus einem Werke der christlichen Nächstenliebe in eine Prämiirung der Sklavenzüchterei sich umzusetzen drohte, und jene Verminderung des Bestandes an unfreien Leuten macht sich wirklich in der zweiten Hälfte des 12ten Jhdts. bemerklich[3]); beachtenswerth ist dabei aber, dass die Vorschrift ursprünglich dem drontheimer Rechte bekannt gewesen war, in diesem aber nicht einfach abgeschafft, sondern durch die Verpflichtung zu einem bestimmten Masse von Wegearbeit ersetzt wurde, welche man wohl auch, und nicht mit Unrecht, als ein Werk der Barmherzigkeit ansah[4]). Das Christenrecht der FrþL. nun scheint, was hier freilich nicht des Näheren begründet werden kann, im Wesentlichen jenes unter dem Namen der „Goldfeder" bekannte Kirchenrecht zu enthalten, das Erzbischof Eysteinn, der Zeitgenosse des K. Magnús Erlíngsson, hatte verfassen lassen; auch von hier aus ergiebt sich demnach eine weitere Wahrscheinlichkeit, dass der König, welcher im Bezirke des Gulaþínges die gleiche Neuerung durchführte, kein anderer als K. Magnús Erlíngsson gewesen sein werde. Zu allem Bisherigen kommt nun aber noch ein directerer Beweis hinzu. Eine Bestimmung

---

1) So Gjessing, ang. O., S. 148 und 201.
2) Kristni s., cap. 11. S. 23; Olafs s. Tryggvasonar, cap. 228, S. 287—40. (FMS., II), und Flbk, I, S. 443—45.
3) vgl. Gjessing, ang. O., S. 304—315.
4) FrþL. III, §. 19. Auch Jóns KrR., §. 59. hält die Bestimmung fest; in Sverris KrR. §. 3—4 ist aber die ältere Vorschrift der GþL., und in §. 74 die neuere der FrþL. zugleich eingestellt!

über die Bestrafung von Friedbrechern, u. dgl. m., welche unser Rechtsbuch unter der Überschrift: „Magnús gerðe nýmæle þetta" bringt[1]), wird in den FrþL. ausdrücklich als „tekin með umráðe Magnús konúngs ok Eysteins erkibiskups ok annarra biskupa, ok allra hinna vitrastu manna ór lögum öllum" bezeichnet; in Bezug auf sie wenigstens ist somit jeder Zweifel darüber beseitigt, welcher K. Magnús an der betreffenden Stelle der GþL. gemeint sei, und nicht minder spricht der Umstand, dass gleich am Anfange dieser letzteren die Thronfolgeordnung von 1164 als eine von K. Magnús, Erzbischof Eysteinn und Erlíngr jarl mit den weisesten Männern des Reiches verfasste Novelle eingestellt ist, dafür, dass auch der anderwärts im Rechtsbuche genannte Magnús kein anderer als eben dieser gewesen sein werde. Es begreift sich recht wohl, dass man eine genauere Bezeichnung dieses Königs gelegentlich seiner nachfolgenden Anführungen für überflüssig halten mochte, wenn derselbe an der ersten Stelle, an welcher sein Name genannt worden war, durch die gleichzeitige Nennung Eysteins und Erlíngs bereits deutlich genug bezeichnet worden war; aber es wäre denn doch ein unbegreifliches Verfahren, wenn zunächst K. Magnús Erlíngsson als solcher genannt, dann aber von einem ganz anderen Magnús ohne alle und jede nähere Bezeichnung gesprochen, und dann schliesslich noch einmal, und zwar widerum ohne nähere Bezeichnung, auf jenen ersteren Magnús, den Sohn Erlíngs also, zurückgegriffen werden wollte! — Nach allem Dem wird kaum noch einem Zweifel unterliegen können, dass unter dem K. Magnús, welchen unser Rechtsbuch so haüfig nennt, kein anderer als K. Magnús Erlíngsson verstanden werden darf, und in der That hat es auch gar Nichts Auffälliges, dass dieser König, oder vielmehr Namens desselben sein Vater Erlíngr, gelegentlich seines mit dem Erzbischofe eingegangenen Bündnisses eine der Kirche günstige Revision des älteren Provincialrechtes in die Hand nam; ja die Zurückführung einer derartigen Revision auf diesen König erklärt sogar in sehr zufriedenstellender Weise, wie die Compilatoren mehrerer von unseren Texten zu jener wunderlichen Gegenüberstellung älterer und neuerer Bestimmungen sich veranlasst sehen

---

1) GþL. §. 32; vgl. FrþL. V, §. 44.

konnten, welche diese zeigen. Wir wissen, dass K. Sverrir, der siegreiche Gegner und Nachfolger des Magnús Erlíngsson, dessen legislative Neuerungen geradezu als nicht zu Recht beständig behandelte[1]), und dass er demgemäss ganz folgerichtig auf das ältere Recht als das noch fortwährend geltende zurückgriff; wir wissen aber auch, dass der Klerus die Errungenschaften Erzbischof Eysteins ganz und gar nicht fallen liess, dass er sie vielmehr zäh vertheidigte, und schliesslich in der That siegreich zu behaupten wusste. Es begreift sich, dass unter solchen Umständen die Praxis zwischen den Vorschriften des älteren und des neueren Rechtes geraume Zeit hin und her schwanken mochte, und gerade aus diesem Schwanken heraus erklärt sich, dass es ein praktisches Interesse haben konnte, die beiderseitigen Bestimmungen wenigstens insoweit in eine Compilation zu vereinigen, als nicht etwa die einen oder anderen durch eine entschieden feste Praxis bereits als unanwendbar verworfen waren. Bei der Kürze der Zeitfrist, welche zwischen K. Magnús Erlíngsson's Tod und der Entstehungszeit unserer Compilationen in Mitte liegt, ist auch ein Irrthum dieser letzteren über die Persönlichkeit, auf welche sie die betreffenden Bestimmungen zurückführen, im Grossen und Ganzen nicht möglich, wenn auch im Einzelnen vielleicht hin und wider einmal eine Vorschrift der jüngeren Redaction zugewiesen worden sein mag, welche der älteren angehörte, oder umgekehrt. Aber wenn hiernach zwar als festgestellt betrachtet werden darf, dass die in unseren GþL. angeführte neuere Recension wirklich von K. Magnús Erlíngsson herrühre, so ist damit allerdings die andere Frage noch nicht erledigt, wieweit sich denn die Revisionsarbeit dieses Königs erstreckt haben möge. Nur im Christenrechte nämlich, sowie in den diesem einverleibten Bestimmungen über die Dingordnung findet sich einigermassen häufig auf K. Magnús einerseits und K. Ólaf andererseits Bezug genommen; im Übrigen kehrt dagegen eine solche Bezugname nur noch ganz vereinzelt bei einer in das Kaufrecht eingestellten processualischen Vorschrift, sowie bei ein paar in das Eherecht eingestellten Satzungen wider[2]). Man kann hiernach die Frage aufwerfen, ob K. Magnús wohl überhaupt

---

1) Sverris s. cap. 112, S 270—71, und cap. 117, S. 277—80.
2) GþL. §. 87, dann §. 54—55.

das ganze Rechtsbuch einer Revision unterzogen haben möge, oder ob seine Revision sich nicht vielleicht durchgreifend nur mit dem Christenrechte befasst, im Übrigen dagegen auf einige wenige, ganz vereinzelte Neuerungen beschränkt habe. Indessen lässt sich doch die Möglichkeit nicht bestreiten, dass auch an solchen Stellen, an welchen kein Königsname genannt ist, von unseren Compilatoren dennoch eine ältere und eine neuere Textesredaction zugleich benützt worden sein könnte, und würde sich z. B. das Nebeneinanderstehen zweier ganz von einander abweichender Wergeldstafeln im Codex Ranzovianus[1]), vielleicht auch eine Reihe der oben bereits besprochenen Nachträge von Varianten, unter dieser Voraussetzung am Leichtesten erklären. Auch würde der Umstand, dass nur auf dem kirchenrechtlichen Gebiete die Gegensätze scharf gespannt waren, während im Übrigen die Neuerungen des K. Magnús wohl vorwiegend von harmloserer und mehr juristisch-technischer Bedeutung waren, ganz wohl begreiflich machen, wie ein Compilator dazu kommen konnte, die Bezeichnung der verschiedenen Redactionen rasch fallen zu lassen, wie er nur erst das Christenrecht hinter sich hatte, oder selbst in der Verzeichnung ihrer Abweichungen von einander einen anderen Weg einzuschlagen. Bei der Dürftigkeit des in dieser Richtung zu Gebot stehenden Quellenmateriales unterlasse ich übrigens, auf diesen Punkt näher einzugehen, und begnüge mich damit, denselben angedeutet zu haben.

Wenn wir nun aber unter dem neueren Gesetzgeber den K. Magnús Erlíngsson zu verstehen haben, wen sollen wir dann in dem älteren, jenem nicht minder häufig genannten K. Ólaf erkennen? Unwillkürlich richtet sich der Blick auf denjenigen König dieses Namens, welcher so recht κατ' ἐξοχήν als der norwegische Ólaf zu bezeichnen ist, auf *Ólaf digri*, des Haraldr grenzki Sohn, den Nationalheiligen und Schutzpatron des gesammten Reiches, und wirklich wird an einer einzelnen Stelle unseres Fragmentes B. gerade er ausdrücklich als der Gemeinte bezeichnet[2]). Nicht verkennen lässt sich auch, dass unter denjenigen Bestimmungen,

---

1) ebenda, §. 218, und fgg., vgl. mit §. 243 und fgg.
2) G þL. §. 8, S. 4, Anm. 3: Skipan hins helga Ólafs ok Magnús konúngs, wo A. liest: Báðer Ólafr ok Magnús toko þetta.

welche in unseren Texten auf K. Ólaf zurückgeführt werden, nicht wenige sich befinden, welche auf eine sehr alte, dem Heidenthume noch ziemlich nahestehende Zeit zurückweisen, wie solches etwa der Anfang des 11ten Jhdts. war. Oben bereits wurde der Vorschrift gedacht, dass zu bestimmten Zeiten im Jahre von den einzelnen Volkslanden, oder wider von dem gesammten Dingbezirke Unfreie freigegeben werden sollten, und es wurde ausgeführt, wie diese gesetzlich angeordneten Freilassungen aller Wahrscheinlichkeit nach an die Stelle früherer Menschenopfer getreten seien. In ganz derselben Weise finden wir nun aber auch Trinkgelage angeordnet[1]), welche zu bestimmt vorgeschriebenen Zeiten zu Ehren Christi und der Jungfrau Maria abgehalten werden mussten; „til árs ok til friðar" sollten dabei die Becher geleert werden, sodass selbst die Formel widerkehrt, welche bei den Opferfesten des grauesten Heidenthumes üblich gewesen war. Freilich werden diese Trinkgelage, anders als jene Freilassungen, als von beiden Königen gleichmässig geboten bezeichnet; aber doch ist klar, dass in denselben nur eine Fortsetzung altheidnischer Opfergebräuche erkannt werden kann, wie solche nachweisbar gerade in dieser Beziehung bereits K. Hákon Aðalsteinsfóstri und dann wider K. Ólafr Tryggvason angeordnet hatte[2]), und dass somit deren erste Einführung unzweifelhaft auf die Grenzscheide zwischen Heidenthum und Christenthum zurückweist, wenn auch der einmal begründete Brauch hinterher bis in weit spätere Zeiten herab in Geltung bleiben konnte. Ebenso dürfte die eifrige Fürsorge gegen jeden Rückfall ins Heidenthum, dann gegen den Betrieb von

---

1) GÞL. §. 6—7.
2) Heimskr. Hákonar s. góða, cap. 15, S. 92: Hann setti þat í lögum, at hefja jólahald þann tíma, sem kristnir menn, ok skyldi þá hverr maðr eiga mælis öl, en gjalda fé ella, en halda heilagt meðan jólinn ynnist. En áðr var jólabald hafit hökunótt, þat var miðsvetrar nótt, ok haldin þriggja nátta jól; wesentlich ebenso Ólafs s. Tryggvasonar, cap. 21, S. 31—2 (FMS., I), und Flbk, I, S. 64—65. Von K. Ólaf aber sagt das Agrip, cap. 16, S. 393: feldi blót oo blotdruckior, oo let í stað koma í vild við lýðinn botiþa druccbior, iol oo paschar, Joans messo mungat oo hastal at Michials messo. Oddr. cap. 17, S. 24 (ed. Munch), und cap. 24, S. 278—9 (ed. Hafn.) erzählt, wie Martinus Turonensis den König im Traume aufgefordert habe, die Trinkgelage, die vordem zu Ehren Óðins, Þórr oder der übrigen Æsir gehalten worden seien, fortan zu seinen Ehren halten zu lassen; ebenso FMS. I, cap. 141, S. 280—3, und Flbk, I, S. 283—5.

Wahrsagerei und Zauberei[1]) auf dieselbe frühe Zeit, und vielleicht sogar ganz speciell auf den heil. Óláf deuten, welchem ja Meister Adam besondere Verfolgung alles Zauberwesens ganz besonders nachrühmt. Beachtenswerth ist dabei zumal, wie Fragment E. uns weit alterthümlichere Bestimmungen in beiden Beziehungen aufbewahrt hat, als welche der Codex Ranzovianus zeigt, wie denn z. B. nur hier noch der Möglichkeit gedacht wird, dass ein Weib ein „tröll" oder eine „mannæta" sein könne; ein deutlicher Beweis dafür dass die Óláf'sche Redaction noch gar manches Alterthümliche enthalten haben wird, was doch der Bearbeiter jener anderen und späteren Compilation in diese nicht aufnam. Die ausdrücklich auf K. Óláf zurückgeführte Bestimmung, dass jeder Priester, welcher eine bestimmte Kirche zu versehen hat, alle Gottesdienste, welche er in dieser hält, durch eine förmliche, von Haus zu Haus getragene Ladung seinen Gemeindeangehörigen anzusagen hat[2]), kann wohl auch nur in einer Zeit entstanden sein, wo wegen der geringen Zahl der verfügbaren Kleriker nur sehr unregelmässig an den einzelnen Kirchen Gottesdienst gehalten werden konnte. Freilich kehrt dieselbe Vorschrift nicht nur in den übrigen älteren Christenrechten wider, sondern auch in dem drontheimer Rechte, welches doch erst tief im 13. Jhdte. seine derzeitige Gestalt erhielt, ja sogar noch in dem Christenrechte Erzbischof Jóns vom Jahre 1274 ist dieselbe zu finden; aber doch wird auch hier wider gesagt werden müssen, dass zwar die einmal vorhandene Bestimmung, wahrscheinlich nur als eine längst bedeutungslos gewordene Reliquie aus der Vorzeit, sich recht wohl bis in späte Zeiten herab forterhalten konnte, dass aber ihr Ursprung immerhin auf eine andere und ziemlich frühe Zeit zurückdatirt werden müsse. Ein gleiches wird ferner auch von den Vorschriften über die Zusammensetzung des Gulaþíngs gesagt werden müssen, welche die Óláf'sche Redaction unseres Rechtsbuches enthielt[3]). Auch hier weist die Vorschrift, dass alle Priester zum Ding kommen sollen, welche in dessen Bezirk eine feste Bedienstung haben (er menn kaupa tíðir at), unzweifel-

---

1) GÞL. §. 28 und 29;.vgl. Fragm. E, S. 495—6, und Sverris KrR. §. 79 und 98.
2) GÞL. §. 19; vgl. BÞL, I, §.13; EÞL. I, §. 10—11; FrÞL. II, §. 22; Jóns KrR. §. 20—21.
3) GÞL. §. 3.

haft auf eine Zeit hin, da der Kirchen und Priester noch wenige waren
im Lande, wie denn auch die Redaction des K. Magnús nicht mehr alle
Priester, sondern nur noch je zwei aus jedem Volklande vom Bischofe
ernannte erscheinen heisst; ausserdem aber scheint auch das Auseinander-
gehen beider Redactionen in Bezug auf die Zahl der weltlichen Depu-
tirten zum Dinge bedeutsam. Aus den 5 südlichen Volklanden lässt K.
Ólaf 375 Männer abschicken, und aus Sunnmœri soviele kommen als
da wollen, wogegen K. Magnús aus allen 6 Volklanden nur 248 beruft[1]);
eine sehr beträchtliche Einbusse musste demnach in der Zwischenzeit
das demokratische Element in der Verfassung gegenüber dem monarchischen
und aristokratischen erlitten haben, und auch dieser Umstand nöthigt,
die Entstehung der ersten Redaction des Rechtsbuches um geraume Zeit
hinter die der zweiten zurückzuverlegen. Wenn wir ferner aus den
Geschichtsquellen erfahren, dass der heil. Ólaf den Bau von fylkiskirkjur
angeordnet und die Verpflichtungen des Laienstandes gegen den Klerus
und des Klerus gegen den Laienstand geregelt habe[2]), so finden sich
wirklich derartige Bestimmungen ganz ebensogut in unserem Rechtsbuche
vor, wie dieses die dem Könige zugeschriebenen strengen Bestimmungen
gegen die Zauberei enthält. Endlich ist auch nicht zu übersehen, dass
die Vergleichung des Christenrechtes der GþL. mit den Christenrechten
Víkins und der Hochlande eine Reihe von Übereinstimmungen ergiebt,
welche allzusehr ins Einzelne des Ausdruckes gehen um zufällig sein zu
können, und welche sich am Natürlichsten daraus zu erklären scheinen,
dass das Christenrecht, welches der heil. Ólaf für sein ganzes Reich erliess, die gemeinsame Grundlage aller 3 Christenrechte bildete. Gerade
dieser Punkt kann der Natur der Sache nach nicht ohne weitläufige
Collationen festgestellt werden, zu welchen mir hier der Raum mangelt;
aber doch mag beispielsweise auf das Verhalten hingewiesen werden,
welches demjenigen zugemuthet wird, der am Fasttage beim Fleischessen
betroffen wird[3]), oder auf die Bestimmung der Umstände, unter denen

---

1) Anscheinend nur 248, weil für das Firðafylki irrthümlich nur 50 angesetzt sind, während doch deren 13 aus jedem Viertel, also zusammen 52, kommen sollen.
2) siehe oben, S. 106, Anm. 2 und 3.
3) Vgl. OþL. §. 20: Iá shal hann þeim át rækes, u. s. w., mit BþL. I, §. 6, und EþL. I, §. 27.

einem Verirrten gestattet ist verbotene Speise zu essen¹), u. dgl. m.
Und dennoch erscheint es mir unzulässig, die den Namen Ólafs tragende
Redaction der GþL. so wie sie uns vorliegt auf den heil. Olaf zurückzuführen. Die sämmtlichen aus dem Inhalt dieser Redaction geschöpften
Beweisgründe ergeben zunächst eben doch nur eine dringende Wahrscheinlichkeit dafür, dass dieser Inhalt, oder vielmehr dass ein Theil
dieses Inhaltes aus des heil. Ólafs Gesetzen herstammen werde; aber
die Identität unserer älteren Redaction des Rechtsbuches mit diesen Gesetzen ist damit eben doch in alle Weite noch nicht erwiesen oder auch
nur wahrscheinlich gemacht. Wir hatten mehrfach zu bemerken, dass
Satzungen ältesten Schlages dennoch aus der älteren in die neuere Redaction übergegangen sind, und dass solche hin und wider sogar noch
in den FrþL., ja in den Gesetzbüchern aus der zweiten Hälfte des
13ten Jhdts. sich behauptet haben; warum sollten dieselben also nicht
auch in unsere ältere Redaction aus einer noch älteren Quelle übergegangen sein können? Das ist nun freilich zunächst nur eine Möglichkeit; aber es fehlt nicht an Momenten, welche dieselbe zur Wahrscheinlichkeit, oder selbst zur Gewissheit zu steigern geeignet scheinen.
Die Bestimmungen freilich über den Bau der fylkiskirkjur, welche Ólafr
digri erlassen haben soll, lassen sich in unserem Rechtsbuche wiedererkennen; aber die Vorschriften über die Dotation dieser Kirchen mit
liegendem Gute eines bestimmten Ertragswerthes, welche demselben
Könige zugeschrieben werden, fehlen in dem Rechtsbuche völlig. Warum
diess, wenn dieses wirklich nicht nur die Gesetze des heil. Ólafs benützt
hat, sondern mit ihnen geradezu zusammenfällt? Die Christenrechte
Víkins und der Hochlande ferner haben gar mancherlei alterthümliche
Bestimmungen und Redewendungen festgehalten, welche das Christenrecht
der GþL. fallen gelassen hat; sie zeigen ferner selbst an denjenigen
Stellen, an welchen sie mit diesem letzteren Hand in Hand gehen, regelmässig eine ältere und ursprünglichere Ausdrucksweise. Auch diess
lässt eher auf die gemeinsame Benützung einer älteren Quelle als darauf

---

1) vgl GþL. § 20: heldr skal hann bund óta, heldr en hundr öta bann, mit BþL. I, §. 5,
und EþL. I, §. 29.

schliessen, dass in unserer älteren Redaction der GpL. die Legislation des heil. Ólafs selbst vorliege, obwohl allerdings zuzugestehen ist, dass bei der Freiheit, mit welcher die Abschreiber überhaupt mit ihren Vorlagen umsprangen, und bei dem weiteren Umstande, dass wir die ältere Redaction nicht als solche, sondern nur als einen von mehreren Bestandtheilen einer weit späteren Compilation besitzen, auf diesen Punkt kein sehr erhebliches Gewicht gelegt werden darf. Bedeutsamer ist dagegen, dass an mehreren Stellen unseres Rechtsbuches ausdrücklich auf einzelne Satzungen Bezug genommen wird, welche der heil. Ólaf mit seinem Bischofe Grímkell am Mostrarþinge erlassen habe, jedoch immer in einer Weise, welche diese Vorschriften als einer längst vergangenen Zeit angehörige erkennen lässt. Es wird dabei von Veränderungen gesprochen, welche seitdem im Rechte erfolgt seien[1]), und zwar geschieht dieses in einer Stelle, welche durch ihre Überschrift: „Báðer mælto þetta um kirkjur" ausdrücklich als beiden Redactionen gemeinsam bezeichnet, und welche überdiess sogar in jenem Fragmente C. ganz gleichlautend enthalten ist, in welchem wir einen Überrest der reinen Ólaf'schen Redaction zu erkennen hatten. Oder es wird an einer Stelle, die aus beiden Redactionen gemischt erscheint, von Aenderungen der Gesetzgebung gesprochen, welche augenscheinlich zwischen der Zeit des heil. Ólafs und der des Magnús Erlíngsson in der Mitte liegen, und somit aus der Redaction des letzteren nicht herrühren können[2]). Oder es findet sich in dem Theile des Festkataloges des Rechtsbuches, welcher doch ausdrücklich auf den heil. Ólaf zurückgeführt wird[3]), unter Andern auch die eine

---

1) GþL. § 10: þat er að þri nemt, at vèr skolom kirkjom þeim ollum upphalda ok kristnum dóma, er Ólafr hinn helgi ok Grímkell biskop setta á Monstrarþingi, ok þeim ollum, er síðan váro gorvar.
2) GþL. §. 15: Nú er þat því nemt, at biskop várr skal kirkjom ráða, sem Ólafr hinn helgi játte Grímkell biskope á Monstrarþingi, ok svá sem vèr vurðum ásáttir síðan. En vèr skolom prestom fæðslo slíka fá, sem Ólafr hinn helgi ok Grímkell biskop lagðe til á Monstrarþingi. — — Firir því at vèr hefum þat af numit, at þeim skyli með þoggum ráða, þríat vèr megjumk við þá eða látum læra suna vára; kensimenn várir skulu hafa mannhelgi slíka sem hverr várr við annan hèr á landi. Die Worte: „ok svá sem vèr vurðum ásáttir síðan", können, gegen das Laienpatronat gerichtet, nur von K. Magnús stammen; die letzte Hälfte des §. muss dagegen älter sein.
3) Ebenda, § 17: Nú ero þeir dagar, er Ólafr hinn helgi ok Grímkell biskop setta á Monstrarþingi, ok búðo fosto firi ok nónhelgi; — — fimta Ólafs messa hin fyrri.

der beiden Ólafsmessen eingestellt, sodass also die Benützung späteren
Rechtes sich von selbst ergiebt, wenn sie auch in diesem Falle nicht
ausdrücklich erwähnt wird. Endlich ist auch noch auf einen weiteren,
sehr eigenthümlichen Punkt Werth zu legen. Es ist oben bereits gelegentlich eine Schlussformel mitgetheilt worden, welche sich dem
Útgerðarbálke unserer GþL. angehängt findet[1]). Dieselbe nimmt auf das
Recht Bezug, welches schon vordem gegolten habe, und welches Atli
an der Dingstätte zu Gula den Leuten vorgetragen habe, und behält
diesem Rechte auch für die Zukunft seine Geltung bevor, soweit nicht
etwa in einzelnen Punkten durch das Zusammenwirken des Königs und
Volkes eine Neuerung beliebt werde. Unwillkürlich erinnert man sich
jenes Atli, welchen wir oben als den Wortführer der Bauern am Gulaþínge kennen gelernt haben, als es galt, dem K. Magnús góði gegenüber
das alte Recht der Landschaft zu vertreten[2]). Ein namhafter, vielbesprochener Mann musste dieser gewesen sein, da sonst die Geschichtsquellen unmöglich mit einer so kargen Erwähnung seines Namens sich
begnügen, und andererseits auch kaum sich veranlasst sehen konnten,
seiner überhaupt zu erwähnen. Ein namhafter Mann musste andererseits
auch der Atli unseres Rechtsbuches gewesen sein, da auch dieses sonst
nicht seinen Namen so kurzweg nennen konnte; beide Männer gehören
dem Gulaþínge an, und treten beide als Träger und Zeugen des althergebrachten Rechtes dieses Dingverbandes auf, während die Sagen keinen
zweiten Mann dieses Namens kennen, der jemals eine irgendwie ähnliche
Rolle gespielt hätte. Der Schluss wird kaum zu kühn sein, dass beide
Male eine und dieselbe Person gemeint sein werde, und dass der von
Atli am Gulaþínge über die Ausdehnung der Heerlast gehaltene Vortrag
mit dem ebenda im Jahre 1040 unter seiner Mitwirkung zu Stande gekommenen Ausgleiche zwischen König und Volk in irgendwelchem Zusammenhange gestanden sein möge. Ist aber diese Anname richtig, so
steht auch fest, dass Atli's Name unmöglich durch K. Magnús Erlíngsson
in unseren Text hereingekommen sein konnte, dass er somit bereits
dessen älterer Reduction angehört haben· musste, und dass diese somit

---

1) siehe oben, S 124, Anm. 3.
2) siehe oben, S. 127—8.

erst eine ziemliche Zeit nach dem Tode des heil. Ólafs nicht nur, sondern auch nach dem Tode seines Sohnes Magnús entstanden sein kann.
— Benützt also mag die Gesetzgebung des heil. Ólafs für unsere ältere Redaction im weitesten Umfange worden sein; als identisch aber mit dieser darf dieselbe in keiner Weise betrachtet werden. Dennoch aber möchte ich auch den K. *Ólafr kyrri*, an welchen Andere gedacht haben, nicht für den ersten Verfasser unseres Rechtsbuches halten. Nirgends wird demselben in unseren Geschichtsquellen irgendwelche Thätigkeit für die Aufzeichnung oder Fortbildung der norwegischen Provincialrechte überhaupt, oder der Gulajíngslög insbesondere zugeschrieben, und was an ihn zu denken veranlasst hat, ist demnach nur der einzige Umstand, dass in unseren Texten der Name Ólaf genannt wird, und dass sich, sowie man auf die Heranziehung des heil. Ólafs verzichtet, ein weiterer König dieses Namens nicht mehr auffinden lässt, auf welchen jene Verweisungen bezogen werden könnten, soferne von dem jung verstorbenen Bruder K. Sigurðs des Jerusalemfuhrers († 1115) natürlich ebensowenig die Rede sein kann als von dem kurzlebigen Partheikönige Ólafr úgæfa († 1169). Dazu kommt, dass K. Ólafr kyrri, welcher doch im Übrigen seine drei Landesbisthümer sichtlich mit besonderer, übrigens auch ziemlich selbstverständlicher, Berücksichtigung der drei grossen Dingverbände im Reiche organisirte, doch wohl kaum Sunnmæri zur drontheimer Diöcese geschlagen haben würde, wenn er diese Landschaft, wie unsere ältere Redaction doch bereits thut, zugleich in eine, wenn auch noch nicht ganz ebenbürtige, Verbindung mit dem Gulajínge gesetzt hätte. Endlich, und diess ist meines Erachtens geradezu entscheidend, hätte K. Ólafr kyrri unmöglich von unseren verschiedenen Compilatoren kurzweg als Ólafr bezeichnet werden können, ohne allen und jeden weiteren Beisatz. Seine Regierung war, wenn auch gedeihlich und segensreich für das Land wie weniges, doch allzu wenig ruhmreich und gefeiert, als dass man nach Ablauf eines Jahrhunderts oder noch längerer Zeit in dieser Weise von ihm sprechen konnte. Wie wenig wissen selbst unsere besten Geschichtswerke von dem stillen Wirken des friedsamen Königs zu berichten; unmöglich konnte seine unscheinbare Persönlichkeit von irgend Jemanden ohne weitere Erläuterung mit einem Namen bezeichnet werden, bei welchem Jedermann an den ge-

feiertsten Regenten und zugleich den hochverehrten Schutzheiligen des Reiches zu denken veranlasst war, und überdiess zeigt eine oben bereits angeführte Stelle des Fragmentes B. unwiderleglich, dass dessen Schreiber wirklich unter dem Ólaf der GþL. niemand Anderen als den heil. Ólaf verstanden hat. Auf einem anderen als dem bisher beschrittenen Wege dürfte hiernach die Lösung der Frage zu erstreben sein, wann und von wem die Redaction unserer GþL. verfasst worden sei, und zu diesem meinem eigenen Lösungsversuche gehe ich nun schliesslich über.

Ich neme als Ausgangspunkt für meine Betrachtung das zweifache bisher gewonnene Ergebniss, dass unter dem Ólaf unserer Compilatoren unmöglich ein anderer als der heil. Ólaf von ihnen verstanden sein konnte, dass aber andererseits jene Textesredaction, welche seinen Namen trägt, unmöglich wirklich von ihm verfasst sein konnte, oder anders ausgedrückt, dass diese Textesredaction zwar den Namen des heil. Ólafs führt, aber mit Unrecht führt. Fasst man dieses Ergebniss vorurtheilsfrei ins Auge, so wird man sich sofort daran erinnern, dass anderwärts im Mittelalter mehrfach Rechtsaufzeichnungen unter dem Namen berühmter Könige der Vorzeit umliefen, welche doch nicht von diesen verfasst, ja überhaupt keine Producte der gesetzgebenden Gewalt waren. Wir wissen ja, dass man unseren Sachsenspiegel auf ein Privilegium Kaiser Karls des Grossen zurückführen wollte, — dass in England eine Rechtsaufzeichnung den Namen der Leges Edwardi Confessoris, und eine zweite den Namen der Leges Henrici primi trug, — dass in Dänemark zwei Bearbeitungen des seeländischen Rechtes als Kong Valdemars Sællandske Lov und Kong Eriks Sællandske Lov von Hand zu Hand giengen, während doch alle diese Rechtsbücher lediglich Privatarbeiten waren, ohne allen und jeden officiellen Charakter; warum sollte da nicht auch in Norwegen ein Rechtsbuch ganz anderen als legislativen Ursprunges den gefeierten Namen des heil. Ólafs tragen können? Eine aufmerksame Betrachtung der Darstellungsform in unseren GþL. dürfte in der That zu einer derartigen Vermuthung führen. Widerholt werden in diesen Redewendungen gebraucht, welche in einem Gesetzbuche kaum vorkommen würden. In höchst persönlicher Weise redend tritt deren Verfasser oft genug auf, Wendungen wie „sem nú hefi ek talt", „er nú tulda ek", „til þess er nú er talt", „nú hefi ek uppnámamenn alla talda", u. dgl. m. kommen so haüfig vor, dass es unnöthig erscheint, Belegstellen für solche anzuführen. Andere Ausdrücke deuten darauf hin, dass der Sprechende mitten aus dem Volke heraus spricht, zu dem er sich rechnet, und mit welchem gemeinsam er sich dem Könige gegenüberstellt; Wendungen wie „engi várr", „at lögmáli váro", „þat köllum vèr", „innan laga várra", u. dgl. sind ganz gewöhnlich, aber auch an ungleich prägnanteren ist kein Mangel. So heisst es z. B. bei Besprechung der Dingordnung[1]): „vèr hafum fund vára mæltan ár hvert hèr í Gula, svá marger þingamenn, sem nú erom vèr sátter á", „vèr skolom hèr koma svá marger þíngmenn sem nú ero til nemndir", „þat eigum vèr hálft lögunnutar, en hálft á konongr várr", „en vèr skolom fá til þess mat ok fè or fylkjum G"; oder weiterhin im Christenrechte: „vèr skolom gefa manne frelsi ár hvert hèr í Gula"[2]), u. s. w., „vèr hafum ölgerð heitit, þat kalla menn samburðar öl"[3]), „verðr hann at því kunnr ok sanur, eða þeim viðrlögum er vèr hofum logð til kristinsdóms várs, þa hefir hann firirgort hverjum peningi feár sins, þat á hálft kononger várr, en hálft biskop", „þá skal hann fara or landeign kononge vára"[4]), „En vèr hafum svá mælt við biskup várn, at hann skal oss þjónosto veita, en vèr skolom þat at honom kaupa ærtog firi 40 nefja innan laga várra"[5]), „vèr hafum þat afnumit, at þeim skyli með hoggum ráða, þvíat vèr mægiumk við þá, eða látom læra sunu vára; kennemenn várer skolo hafa mannhelgi slíka sem hverr várr við annan hèr á lande"[6]), u. dgl. m. In einem Gesetze, bei dessen Zustandekommen der König in sehr hervorragender Weise mitwirkte, und welches somit ganz und gar nicht einseitig von der Bauerschaft ausgieng, wäre denn doch eine derartige Ausdrucksweise kaum denkbar, wie sie denn auch wirklich in denjenigen Stücken unserer Compilation niemalen auftritt, welche als unzweifelhafte Novellen zu betrachten sind, wie etwa die beiden nýmæli des K. Magnús Erlíngsson über die Thronfolgeordnung und über die

---

1) GþL §. 3.
2) ebenda, §. 4.
3) ebenda, § 6.
4) ebenda, §. 7.
5) ebenda, §. 9.
6) ebenda, §. 15.

schwereren Friedensbrüche¹); dass aber jene Sprechweise in anderen Theilen der jüngeren Redaction trotz ihres officiellen Charakters und legislativen Ursprunges widerkehrt, ist allerdings richtig, indessen einfach aus einem mechanischen Herübernemen des Textes der älteren Redaction zu erklären. Die Vergleichung des Textes beider Redactionen, wo solche der Compilator des Codex Ranzovianus sich ausnamsweise vollständig gegenübergestellt hat²), oder wo unser Fragment C. die ungemischte Ólaf'sche Recension mit jener. Compilation zusammenzuhalten gestattet³), lässt nämlich ganz deutlich erkennen, dass K. Magnús bei seiner Revision des älteren Rechtsbuches in der Art verfuhr, dass er dessen Worte beibehielt soweit diess nur immer angehen wollte, und lediglich durch einzelne Zusätze oder Abstriche, ja selbst durch blosses Vertauschen einzelner Worte mit anderen Dasjenige umzugestalten suchte, was ihm des Sinnes wegen schlechthin einer Aenderung zu bedürfen schien, und nur von hier aus erklärt sich denn auch, dass in so zahlreichen Fällen ausdrücklich oder stillschweigend ein ganz einheitlich gestalteter Text auf beide Redactionen zugleich zurückgeführt werden konnte; dass aber bei einem solchen Verfahren die Haltung der Darstellung gar häufig aus der älteren in die neuere Redaction einfach übertragen werden musste, versteht sich von selbst. Aber auch abgesehen von derartigen Redewendungen in unserer Quelle ergeben sich noch einzelne weitere Anhaltspunkte, welche den gleichen Schluss unterstützen. Man betrachte sich einmal jene schon mehrmals angezogene Schlussformel des Útgerðarbálks nach dieser Seite hin. Der Sprechende erklärt selber, nicht zu wissen, ob seine Darstellung der betreffenden Rechtssätze richtig oder unrichtig sei, und behält für den letzteren Fall ausdrücklich dem älteren Rechte seine fortwährende Geltung bevor, wie Atli solches seiner Zeit zu Gula vorgetragen habe. Ist das die Sprache eines Gesetzbuches, und kann derjenige, der die Möglichkeit eines eigenen Irrthums bei der Widergabe des geltenden Rechtes zugesteht, und für solchen Fall auf alle Rechtsverbindlichkeit seiner Worte ausdrücklich verzichtet,

---

1) ebenda, §. 2 und 52.
2) vgl. z. B. GþL. §. 8 und §. 9.
3) ebenda, §. 21 und 22.

der Gesetzgeber selbst sein? Oder man sehe sich die Worte an, die im Erfðabálke stehen[1]): „Nú er þetta erfða skipan kallat; en svá marga vega kann skyldleiki manna saman at bera, at því kann engi maðr til fulls skipa erfðum, nema þá geri sem líkast þykkir, er til þarf at taka". Wird wohl je ein Gesetzgeber sich ein derartiges Armutszeugniss ausdrücklich ausstellen? — Man sieht, wenn oben für den uns vorliegenden Haupttext die Bedeutung eines officiellen Erzeugnisses der staatlichen Gesetzgebung abzuweisen, und dafür der Charakter einer blosen Privatcompilation für denselben in Anspruch zu nemen war, so zeigt sich nunmehr, dass aller Wahrscheinlichkeit nach auch der älteren der beiden Redactionen, welche bei der Herstellung jenes Textes gebraucht worden waren, ein legislativer Ursprung nicht zugeschrieben werden darf. Wenn dieselbe dennoch mit dem Namen des heil. Ólafs geschmückt wurde, so erklärt sich diess einfach daraus, dass schon in früher Zeit die volksmässige Überzeugung sich dahin feststellte, dass dieser König als der eigentliche Stifter jener Rechtsordnung im Lande zu gelten habe, welche dann von seiner Zeit an bis in die jüngsten Tage herab in Norwegen sich forterhalten habe, und dass, wie eine lange Reihe der verschiedenartigsten Zeugnisse darthut, das ganze Mittelalter hindurch die „lög ens helga Ólafs konúngs" als der wahre Inbegriff alles norwegischen Landrechtes und als das eigentliche Palladium aller norwegischen Volksfreiheit galten. Es mag noch unter einen anderen Gesichtspunkt fallen, wenn der gute Magnús seinen Bauern geloben muss, die Gesetze zu halten, die sein Vater ihnen gegeben habe[2]), oder wenn wenig später die Hochländer sich dem K. Haraldr harðráði gegenüber auf die Privilegien berufen, welche jener sein Halbbruder ihnen ertheilt habe[3]); damals stand man der Lebenszeit K. Ólafs noch nahe genug, um seine Gesetzgebung in ihrer wirklichen Gestalt noch zu kennen, damals spielte aber auch, bezeichnend genug, nicht diese, sondern die ältere Legislation des Hákon Aðalsteinsfóstri jene sagenhafte Rolle eines allgefeierten Landrechtes[4]). Um ein

---

1) ebenda, §. 105.
2) Magnús s. góða, cap. 22, S. 44, (FMS. VI).
3) Haralds s. harðráða, cap. 91, S. 388—9 (ebenda).
4) vgl. oben, S. 105, Anm. 2.

Jahrhundert später sehen wir aber bereits den Jarl Erling bei seinem Streite mit dem Erzbischofe Eysteinn (1164) auf die Gesetze des heil. Ólafs sich berufen[1]), und um ein paar Jahrzehnte später kehrt dieselbe Berufung bei einem ganz änlichen Anlasse im Munde K. Sverrir's wider (1190)[2]). Auch im 13ten Jhdte. noch wird ständig auf jene Gesetze Bezug genommen, zumal wenn es gilt irgend welchen Neuerungen oder unbegründeten Ansprüchen gegenüber das althergebrachte Recht bezüglich der Thronfolgeordnung festzuhalten[3]); aber auch bei der Thronbesteigung eines Königs lässt man diesen die Aufrechthaltung der „lög hins heilaga Ólafs konúngs" feierlich angeloben[4]), ganz in demselben Sinne, in welchem man ihn andere Male schwören liess „at halda landslög"[5]). Ja sogar in die Gesetze aus dieser Zeit ist die gleiche Auffassung eingedrungen, wie denn z. B. die Einleitung K. Hákons zum drontheimer Landrechte, und die diesem Rechtsbuche angehängten Novellen[6]), dann wider die norwegischen und isländischen Gesetzbücher des K. Magnús lagabætir[7]), sich oft genug auf die Gesetze des heil. Ólafs als die Grundlage des geltenden Landrechtes berufen. Bis in das 16te und 17te Jhdt. herab hat sich die gleiche Überlieferung fest eingewurzelt erhalten; warum sollte da nicht eine beliebig wie entstandene Aufzeichnung des von Alters her überlieferten Rechtes gerade darum als K. Ólafs Gesetz bezeichnet worden sein können, weil man in derselben den unverfälschten Ausdruck des ächten, alten Rechts im Gegensatze zu so manchen späteren Veränderungen und Verunstaltungen desselben erken-

---

1) Magnús s. Erlingssonar, cap. 13, S. 304—6 (FMS., VII¹; Fagrsk. §. 268, S. 180, u. dgl. m.
2) Sverris s., cap. 112, S. 270; cap 117, S. 277; vgl. auch cap. 121, S. 294.
3) Hákonar s. gamla, cap. 4, S 239—40; cap. 12, S. 252; cap. 68, S. 326; cap. 89, S. 329; cap. 91, S. 331.
4) ebenda, cap. 199, S. 463.
5) Sverris s., cap. 60, S. 155.
6) FrþL. Einleitung, §. 1: List oss þat likast til at uppheifi, at lög ins helga Ólafs konúngs standi eftir þvi sem hann bafði skipat; §. 16: at eptir hins helga Ólafs konúngs lagasetning ok lögmanna orskurði skyli hverr sitt mál til lykta leiða; XVI, §. 4: Lög þau öll er hinn helgi Ólafr konúngr graf ok setti, ok röttarbót þá alla er frændr þeirra hafa siðan gefit, þeir sem konúngs hafa at landi setit, þá skal haldaz.
7) vgl. z. B. Landslög, Kristindómsb., §. 3, 8, 11 und 12; BjarkR, §. 3, 7 und 10; Hirðskrá, §. 1, 5, 6, 9 und 10; ferner Járnsíða, KrB. §. 3, 6 und 7; Mannh. §. 3 und 7; Jónsbók, KrB., §. 8, 7 und 10, u. dgl. m.

nen zu dürfen glaubte? Vielleicht ist es der Beachtung werth, dass die
Berufung auf die Gesetze des heil. Ólafs gerade in einer Zeit beginnt,
in welcher durch die Stürme der Bürgerkriege und durch das mächtige
Aufstreben der Hierarchie die alte Rechtsordnung in ihren Grundfesten
erschüttert worden war; begann man doch auch in England von den
Gesetzen Edwards des Bekenners und in Deutschland von dem Privilege
Kaiser Karls für die Sachsen erst zu reden, als dort die normännische
Eroberung, hier das Eindringen des römischen Rechts die alten Rechts-
zustände zu unterwühlen drohten. Ob aber darum unser Rechtsbuch,
oder vielmehr dessen ältere Redaction, sofort auch seinerseits als eine
reine Privatarbeit zu bezeichnen sei, ist immerhin noch eine andere
Frage. Ich habe an einem anderen Orte seinerzeit auszuführen gesucht[1]),
dass das Amt der Lögmänner in Norwegen nicht, wie die neueren norwegischen Historiker und Juristen durchgehends annemen[2]), erst durch
K. Sverrir eingeführt worden sei, sondern schon von Anfang an daselbst
in ganz änlicher Weise bestanden habe wie in Schweden und auf Island,
wenn auch dessen politische Bedeutung durch die kräftigere Entwicklung
des monarchischen Elementes in der norwegischen Verfassung hier an
Gewicht sehr verloren haben möge. Theils das Schweigen der Sverris-
saga sowohl als der übrigen gleichzeitigen Quellen von jeder derartigen
Massregel K. Sverrir's, theils das Vorkommen von lögmenn, wenn auch
in etwas unsicherer Stellung, in einzelnen älteren, oder doch über ältere
Vorkommnisse berichtenden Quellen, wie die Eigla, der þingaþáttr
der Sigurðar s. Jórsalafara, dann ein paar Stellen der EþL. und FrþL.,
zumal aber die Existenz von lögsögumenn auf Island und in Grönland,
auf den Færöern, den Hebriden und in Caithnes, ja selbst in Jämptaland,
waren die Gründe, auf welche ich meine Anname stützte, und auch
heute noch wüsste ich denselben nichts Wesentliches beizufügen noch
abzustreichen, mit Ausname der einzigen Thatsache, dass es mir nunmehr gelungen ist, die Existenz eines norwegischen Lögmannes im

---

1) Kritische Vierteljahresschrift, X, S. 374—81; vgl. auch S. 365.
2) Munch, Norges Beskrivelse, S. 11—12, und Det norske Folks Historie, III, S. 183—94;
Keyser, Norges Stats- og Retsforfatning, S. 247—49; Brandt, in Lange's Norsk Tidskrift,
V, S. 108—11; Hertzberg, den norske Aristokratis Historie, S. 150.

Jahre 1159, also einige Jahrzehnte vor K. Sverrir, strengstens nachzuweisen ¹). Ich habe aber ebendort auch bereits darauf aufmerksam machen zu sollen geglaubt, wie schon der Ausdruck lögsaga oder lögsögn, mit welchem in Norwegen wie in Schweden oder auf Island das Amt des Lögmannes bezeichnet wird, darauf hinweist, dass diesem Beamten hier ebensogut wie dort die regelmässige Haltung von Rechtsvorträgen in der Dingversammlung obgelegen habe, und wie auch sonst noch mancherlei Spuren auf den gleichen Brauch sowie auf den Einfluss hindeuten, welchen derselbe auf die Entstehung unserer Rechtsaufzeichnungen geübt habe. Hier will ich, ohne mich auf eine weiter reichende Beweisführung einzulassen, nur auf ein paar Punkte hinweisen, welche gerade bezüglich unserer GþL. einen solchen Zusammenhang mit der lögsaga nahe zu legen scheinen. — Es ist oben bereits darauf aufmerksam gemacht worden²), wie die Geschichtsquellen die erste Begründung der Gulaþíngslög auf K. Hákon góði zurückführen, zugleich aber auch angeben, dass diesem dabei þorleifr hinn spaki zur Seite gestanden sei. Derselbe wird uns aber auch als der Rathgeber bezeichnet, welcher dem Úlfljótr seine Unterstützung lieh, als dieser es unternam nach dem Muster der Gulaþíngslög ein isländisches Landrecht zu entwerfen; er spielt somit für das Recht des Gulaþínges genau dieselbe Rolle wie der Lagmann Lumbr für das westgötische oder der Lagmann Wigr spá für das oberschwedische Recht, und wenn dabei offenbar die Sagenbildung sich seiner Person bemächtigte, und derselben ein halbwegs mythisches Gepräge verlieh, so zeigt sich gerade darinn nur um so deutlicher der hohe Werth, welchen man seiner Einwirkung auf die Überlieferung und Fortbildung dieses Rechtes beilegte. Jener Atli ferner, welcher dem gewaltthätigen Könige gegenüber für seine Bauern das Wort führte, und welcher am Gulaþínge das bezüglich des Heerwesens geltende Recht in einer Weise vortrug, welche noch um mehr als ein halbes Jahrhundert später als massgebend betrachtet wurde, spielt sogar eine politische Rolle ganz derjenigen änlich, welche in Schweden der Lagmann þorgnýr von Tíundaland, oder wider der Lagmann Emundr von Westgötaland

---

1) Heimskr. Hákonar s. herðibreiðs, cap. 4, S. 759; FMS., VII, cap. 4, S. 255—56.
2) siehe oben, S. 104—5, Anm. 4.

dem K. Ólafr Eiríksson gegenüber zu vertreten hatte, und die volksthümlich kurze und räthselhafte Rede, mit welcher er dem K. Magnús entgegnet, ist genau desselben Schlages mit den diesem Emunde nacherzählten Gesprächen¹). Unbedenklich werden wir in beiden Männern Lögmänner des Gulaþíngsbezirkes erkennen dürfen, die in ihrer Art, wenn auch sicherlich noch in anderer Form, ganz ebensogut für das Recht ihres Bezirkes thätig gewesen waren, wie sich später der haleygische Lögmann Bjarni Marðarson durch die Entwerfung einer neuen Wergeldstafel um das Recht des gesammten Reiches bemühte. Aber auch die Darstellungsform unseres Rechtsbuches selbst scheint mehrfach auf den Rechtsvortrag der Lögmänner zurückzuführen. Oben bereits wurde auf Redewendungen aufmerksam gemacht, welche einerseits die höchst persönliche Ausdrucksweise eines einzelnen Mannes verrathen, und andererseits diesen als den Repräsentanten und das Organ der gesammten Bauerschaft erkennen lassen; ich füge dem jetzt noch bei, dass dieser Sprecher öfter von dem redet, was „í Gula"²), oder sogar was „hèr í Gula"³) geschieht oder geschehen soll, und dass er somit als gerade an der Dingstätte sprechend gedacht wird. Offenbar steht diese Redeweise ganz vortrefflich einem Manne an, der von Amtswegen der versammelten Landsgemeinde das gemeinsame Landrecht vorzutragen berufen ist, während für einen Privatmann sowohl als für einen Gesetzgeber die gleiche Ausdrucksweise nur sehr wenig passen würde, und selbst die demüthige Bescheidenheit, mit welcher der Sprechende am Schlusse des Útgerðarbálkes auf die Möglichkeit irgendwelcher Unrichtigkeiten in seiner Darstellung hinweist, findet in der Rede, welche der Lögmann Gunnarr grjónbakr im Jahre 1223 am Herrentage zu Bergen hielt⁴), ihre schlagende Parallele, wie denn überhaupt eine derartige Selbstherabsetzung ganz specifisch norwegisch ist. Endlich darf auch noch daran hier erinnert werden, wie die Zerfällung des ganzen Rechtsstoffes

---

1) vgl. Heimskr. Ólafs s. helga, cap. 79—81, S. 289—93; dann cap. 96, S. 813—20. U. dgl. m.
2) G þL. §. 170: at því aura lagę skal gjalda hann aptr sem mælt er í Gula 6 alna eyris; §. 180: En af þeim gjoldom er told ero í Gula, u. s. w.
3) ebenda, §. 8: vèr hafum fund várn maltan ár hvert hèr í Gula; — vèr skolom hèr koma; §. 4: vèr skolom gefa manne frelsi ár hvert hèr í Gula.
4) Hákonar s. gamla, cap. 91, S. 830—31.

Jahren 1164—74 etwa, diese ältere Redaction einer Revision unterzogen, als deren Product jene zweite Redaction zu betrachten ist, welche des genannten Königs Namen trägt. Erhalten ist uns aber, neben einem dürftigen Überreste der älteren Redaction (C), nur eine Reihe von Compilationen, zu denen die beiden Redactionen, mit mancherlei anderen Zuthaten versetzt, von verschiedenen Händen verbunden worden waren, und zwar, wie es scheint, theils noch am Schlusse des 12ten Jhdts. (E), theils aber in der ersten Hälfte des 13ten (A, und wohl auch B und D). Dass übrigens K. Magnús Erlingsson recht wohl den aufgezeichneten Rechtsvortrag eines Lögmannes, oder selbst eine reine Privatarbeit ohne allen und jeden officiellen Charakter zum Gegenstande einer legislativen Revision machen konnte, und dass dabei einer solchen Arbeit auch ihre bisherige Darstellungsform nicht nothwendig verloren zu gehen brauchte, ist klar. Wurde doch, um von K. Erik Glippings Bestätigung des seeländischen Rechtsbuches (1284) ganz abzusehen, eine Revision des älteren, auf dem Rechtsvortrage der Lagmänner beruhenden oberschwedischen Rechtes durch K. Birgir veranlasst und publicirt (1296), und Södermannalagen von K. Magnús Eiríksson sanctionirt (1327), während doch beide Provincialrechte in Nichts von der typischen, durch die lagsaga bedingten Darstellungsform abweichen, wie solche für die älteren schwedischen Rechtsbücher überhaupt hergebracht war. Auch bei uns in Deutschland wurde ja bekanntlich ein nur wenig umgearbeiteter Sachsenspiegel als Landrecht des Fürstenthums Breslau publicirt (1356), und bei uns in Baiern sogar noch durch Verordnungen vom 21. October 1794 und 7. Mai 1798 der Codex Maximilianeus für die Herrschaften Parsberg und Breitenegg sammt den Anmerkungen des Freiherrn von Kreittmayr als Gesetz eingeführt, welche letzteren doch sicherlich alles Andere eher als die Darstellungsform eines Legaltextes haben!

schwerlich jemals mit Sicherheit entscheiden lassen; das „á skrá setja", wovon unser Rechtsbuch spricht[1]), kann auf Beides gleich gut bezogen werden, und die „lögskrár", deren Studium der Königsspiegel dem angehenden Kaufmanne empfiehlt[2]), und auf deren Ausspruch Erlíngr jarl sich dem Erzbischofe Eysteinn gegenüber beruft[3]), mögen ebensowohl den einen wie den anderen Charakter an sich getragen haben.

Zum Schlusse stelle ich die Ergebnisse meiner Untersuchung noch einmal in aller Kürze zusammen. Mit den Nachrichten, welche uns die geschichtlichen Quellen über die Entstehung der Gulaþíngslög bieten, vermögen wir die uns erhaltenen Texte derselben in keiner Weise in Verbindung zu bringen. Es ist nicht daran zu denken dass diese mit jenen GþL. in irgend einem näheren Zusammenhange stehen könnten, welche K. Hákon Aðalsteinsfóstri seinerzeit gegeben haben soll, wenn auch Hans Paus, und ihm folgend so manche Andere, unser Rechtsbuch schlechtweg auf dessen Namen anführen zu dürfen glauben. Ebensowenig dürfen wir dieses aber auch an die Gesetze anknüpfen, welche der heil. Ólaf erlassen hatte, wenn auch seine Gesetzgebung ihren Grundbestandtheilen nach selbstverständlich immerhin in demselben enthalten, und in bestimmten einzelnen Fällen auch wohl noch ausdrücklich auf sie Bezug genommen sein mag; nur in diesem uneigentlichen Sinne kann demnach von dem Fortbestande erst der Legislation des guten Hákons, und dann später der Legislation des heil. Ólafs noch in der späteren Zeit gesprochen werden. In Wirklichkeit haben wir es vielmehr, soviel die erste Reduction unserer GþL. betrifft, nur mit einer Rechtsaufzeichnung ohne allen und jeden legislativen Charakter zu thun, welche sei es nun von einem Lögmanne, oder doch in dem auf Grund der lögsaga ausgebildeten Style gegen das Ende des 11ten, oder wahrscheinlicher noch erst am Anfange des 12ten Jhdts. entstanden ist, und welche den Namen des heil. Ólafs nur darum trug, weil man unter dem Namen seiner Gesetze überhaupt das althergebrachte Recht des Landes zu verstehen pflegte. Von K. Magnús Erlíngsson wurde sodann, in den

---
1) GþL. §. 314.
2) Konángssk. §. 5, S. 6.
3) Fagrsk. §. 268, S. 180.